给孩子的数学故事书

未知中的已知
方程的故事

张远南 张昶 著

清华大学出版社
北京

版权所有，侵权必究。举报：010-62782989，beiqinquan@tup.tsinghua.edu.cn。

图书在版编目（CIP）数据

未知中的已知：方程的故事/张远南，张昶著. —北京：清华大学出版社，2020.9 （2022.1重印）

（给孩子的数学故事书）

ISBN 978-7-302-55859-0

Ⅰ. ①未… Ⅱ. ①张… ②张… Ⅲ. ①数学课－中小学－课外读物 Ⅳ. ①G634.603

中国版本图书馆 CIP 数据核字（2020）第 109975 号

责任编辑：	胡洪涛　王　华
封面设计：	于　芳
责任校对：	刘玉霞
责任印制：	宋　林

出版发行：清华大学出版社
　　网　　址：http://www.tup.com.cn，http://www.wqbook.com
　　地　　址：北京清华大学学研大厦 A 座　　邮　　编：100084
　　社 总 机：010-62770175　　邮　　购：010-62786544
　　投稿与读者服务：010-62776969，c-service@tup.tsinghua.edu.cn
　　质量反馈：010-62772015，zhiliang@tup.tsinghua.edu.cn

印 装 者：	大厂回族自治县彩虹印刷有限公司
经　　销：	全国新华书店
开　　本：	145mm×210mm　　印　张：5.375　　字　数：102千字
版　　次：	2020年10月第1版　　印　次：2022年1月第6次印刷
定　　价：	35.00元

产品编号：087504-01

PREFACE ○ 序

我们的世界充满着未知,这种未知以极强的诱惑力,引导着人类去探索、进取。

在数学中,形形色色的方程,无疑是自然界最简明的、"未知"的表示方式。在数千年漫长的历史长河中,人类用自己的智慧,开辟了无数从未知通向已知的路,使巍峨的代数学宫殿显得更加金碧辉煌!

对于年轻一代,古老的方程理论,仍不失是科学大厦的基石。然而本书没有打算也不可能对此做完整的论述,那是教科书的任务。本书的目标,只是想激发读者的兴趣,并由此引起他们自觉学习这一知识的欲望。因为作者认定,兴趣是最好的老师,一个人对科学的热爱和献身往往是从兴趣开始的。然而人类智慧的传递,是一门高超的艺术。从教到学,从学到会,从会到用,又从用到创造,这是一连串极为能动的过程。作者在长期的实践中,深感普通教学的局限和不足,希望能通过非教学的手段，实现人类智慧接力棒的传递。

基于上述目的，作者尽自己的力量完成了这套各自独立的数学读物，它们是：《偶然中的必然》《未知中的已知》《否定中的肯定》《变量中的常量》《无限中的有限》《抽象中的形象》，其分别讲述概率、方程、逻辑、函数、极限、图形等有趣的故事。作者心目中的读者，是广大的中学生和数学爱好者，他们是衡量本书优劣最为精准的天平。

由于作者水平有限，书中的错误在所难免，敬请读者批评指出。

但愿本书能为滋润智慧，充当雨露！

张远南

2019 年 12 月

CONTENTS 目录

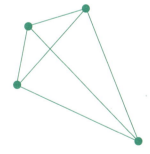

一、王冠疑案的始末 //001

二、《王冠疑案》之疑 //006

三、丢番图和勾股数 //012

四、悬赏10万马克的问题 //019

五、架设通向已知的金桥 //024

六、一场震动数学界的论战 //032

七、死后方得荣誉 //039

八、数学史上的灿烂双星 //046

九、发现解析法的最初线索 //053

十、解开几何三大作图问题之谜 //060

十一、走出圆规和直尺管辖的国度 //068

十二、揭开虚数的神秘面纱 //075

十三、神奇的不动点 //083

十四、库恩教授的盆栽艺术 //090

十五、从弹子游戏的奥秘谈起 //097

十六、容器倒来倒去的启示 //104

十七、点兵场上的神算术 //112

十八、数学王国的巾帼英雄 //118

十九、晶体·平面均匀镶嵌 //124

二十、数学世界的"海市蜃楼" //132

二十一、47 年与 17 秒 //141

二十二、稳操胜券的对策游戏 //149

二十三、奇特的正方分割 //156

二十四、献给学生也献给教师 //163

一、王冠疑案的始末

在地球零度经线穿过的地方,有一片介于亚、欧、非三大洲之间的著名水域,叫地中海。地中海的北滨,有一个形状酷似长靴的半岛,叫亚平宁半岛。与半岛隔海相望的,便是地中海的第一大岛西西里岛。在远古时代,岛上有一个滨海的叙拉古城,是一个城堡国家。

公元前241年,罗马远征军在与迦太基人的战争中,夺得了除叙拉古城以外的整个西西里。公元前214年,马塞拉斯率领罗马大军再度进攻叙拉古城。罗马军在叙拉古城外团团围定。罗马的战船有恃无恐,耀武扬威地驶近叙拉古城下。叙拉古军孤立无援,势如累卵。

在这千钧一发之际,但见城内举起无数面镜子,把阳光集中

反射到罗马战船上。顷刻间,战船起火,烈焰腾空。又见叙拉古城内射出无数石弹,砸得围城罗马军喊爹叫娘,心胆俱裂,只得仓皇撤离。当马塞拉斯弄清这一切并非由于上天的惩罚,而是出自一位学者的智慧时,这位罗马统帅惊呼:"我们是在同数学家打仗!"

这位使罗马军队闻风丧胆的数学家,就是著名的古希腊学者阿基米德(Archimedes,公元前287—前212)。然而,就是这样一位智慧超凡的阿基米德,也难免会有困惑的时候,王冠疑案便是其中一例。

传说有一次,叙拉古国王亥尼洛让一名工匠用纯金做成一顶王冠,王冠制作得精巧绝伦,光彩熠熠,国王为此十分高兴。但国王的近臣中,凡是亲手拿过王冠的人,都有一种奇怪的感觉,似乎这顶王冠不像是纯金做的。

大家知道,凭借手的感觉,人们是能够轻易分辨铝和铁的。这是因为同样体积的铁,要比同样体积的铝重得多。例如,都是1立方厘米,铝的质量是2.7克,而铁的质量是7.8克,铁的质量是铝的质量的2倍多(图1.1)。同样的道理,1立方厘米的金的质量是19.3克,而1立方厘米的银的质量是10.5克,差不多

一、王冠疑案的始末

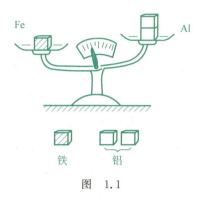

图 1.1

只相当于金的一半（表 1.1）。因此平时拿惯金银的大臣们，只要把王冠掂在手里，就很容易分辨出王冠是否用纯金做的。但大家都不敢贸然向国王挑明这件事，怕万一说不准，会被冠以欺君的罪名，因此只是偷偷地议论着。

表 1.1　常见物质密度比较表（在常温下）　单位：克

物　　质	1 立方厘米质量	物　　质	1 立方厘米质量
水	1.00	铝	2.7
松木	0.6～0.8	铁	7.8
软木	0.22～0.26	水银	13.6
煤油	0.8	铜	8.9
汽油	0.899	铅	11.34
海水	1.03	银	10.5
冰	0.917	金	19.3
玻璃	2.4～2.8		

世上没有不透风的墙，大臣们在背地里的议论最终被国王知道了。为此，国王大发雷霆之怒，立即召来工匠，责问此事。

未知中的已知
方程的故事

工匠分辩说:"陛下所给黄金,已全然用于王冠制作,不信把王冠称一称,一切便可清楚。"

王冠被精确地称量了,质量与国王所给的纯金分毫不差。

这下子国王的近臣们全都诚惶诚恐,因为若工匠诚实,他们便有欺君之罪。于是大家纷纷参奏,说难保工匠不会把一部分的金换成银,而又把质量做成一样。国王觉得这种说法不无道理,但仍疑信参半,于是限令大臣们在3天之内,在不损坏王冠的前提下,设法查明王冠里是否掺了银!

大臣们左思右想,计无所出。终于有人想到了阿基米德,因为他的智慧是叙拉古人的骄傲。

面对着疑题,阿基米德也困惑了。他想只要掰开王冠看一看,一切便都水落石出。而如今却不能损坏王冠,已知的东西成了未知。怎样才能从未知中寻求已知呢?阿基米德冥思苦想了两个昼夜,依旧一筹莫展。这时他的妻子走来,劝他去公共浴池洗个澡,好让自己的思想放松一下。

然而,从出发到进浴池,阿基米德的脑际依然萦绕着王冠疑题。当他跨进浴池的时候,水往上升起来,人坐下去,水立时漫溢到池外。同时入水越深,自我感觉身体越轻,似乎被一种神奇的力量撑托着。突然,一条清晰的思路闪进了这位学者的脑海。顿时,灵感之花开放了!阿基米德情不自禁,忘乎所以地跳出浴池,赤身裸体地在大街上奔跑,嘴里高声喊着:"尤勒加!尤勒加!"(希腊语:"我知道了!我知道了!")

一、王冠疑案的始末

那么,是什么使阿基米德这样如痴如狂,他又究竟"尤勒加"了什么呢?原来阿基米德悟出了一条重要的定律:

一件东西在水里受到的浮力,等于它所排开的水所受的重力。

至于阿基米德怎样依据这条定律,最终破悉了王冠疑案,请看古代名著《论建筑》一书中的叙述吧!

于是,阿基米德拿了与王冠质量相等的纯金块,放进盛满水的容器里,看一看怎么样。结果发现,王冠排出的水比纯金块排出的水多得多。这样,他就清楚地知道那个王冠不是用纯金做的。

不用说,那个弄虚作假而又自作聪明的工匠,终于受到了应有的惩罚。

二、《王冠疑案》之疑

　　王冠疑案终于成了历史的故事。从那时起人类的文明史又向前推进了1800多年。到了1581年,有个叫伽利略·伽利雷(Galileo Galilei,1564—1642)的年轻人,也对王冠疑案产生了浓厚的兴趣。

　　年轻时的伽利略最敬仰的学者,是古希腊的阿基米德。平时他读过不少阿基米德的著作,对这位古代学者研究科学周密严谨的态度,推崇备至。一天,当他翻看阿基米德的《浮力论》一书时,书中的一系列插图使他惊异不已。原来书中阿基米德把描述浮力原理的盛水容器,全部画成图2.1的样式,而不像一般学生那样,把水面画成平的。大

伽利略·伽利雷

二、《王冠疑案》之疑

家知道,阿基米德时代要比克里斯托弗·哥伦布(Cristoforo Colombo,1452—1506)环球航行时代早 1700 多年,而那时的阿基米德在讲杯子里的水面时,

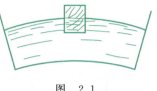

图 2.1

就已考虑到它是球面的一部分,这不能不说是想得非常深远。

上面的事实,使伽利略对王冠疑案的结局产生了怀疑。他感到像阿基米德这样思维缜密的数学家,是绝不会仅仅停留在"王冠排出的水,比纯金块排出的水多得多"这样肤浅的结论的。阿基米德一定会想法找出王冠里掺了多少银。然而,若是按前文中讲的方法,就必须十分精确地测量王冠和金块所排出水的体积,这可是极为困难的事。伽利略想,阿基米德肯定是做了另一个更加巧妙、更加精密的实验,清楚地查出王冠中掺银的比例。那么,假如我是阿基米德,又该怎样去做呢? 于是,伽利略开始考虑如何以阿基米德发现的"杠杆原理"和"浮力原理"为基础,去寻找揭开王冠疑案的正确方法。

苍天不负有心人,年轻的伽利略终于获得了成功,他把自己的想法写成一篇题为《小秤》的论文。在这篇论文中,伽利略第一次展露了自己的才华。

读者一定想知道,伽利略的"小秤"是什么样的,图 2.2 就是"小秤"的示意图,从外观看它很像普通的天平,只是放砝码的臂上,多了一个类似于杆秤秤花的一段小分度(XY)。砝码盘类似于杆秤的秤砣,可以在分度(XY)上游动,并从中读出数来。不

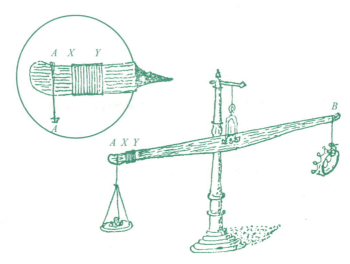

图 2.2

过,严格地说,伽利略设计的"小秤"并不小,秤臂足有1米多长,只是可供读数的分度(XY)小了些,仅有2~3厘米罢了。

那么分度(XY)是怎样定的呢?请看图2.3。

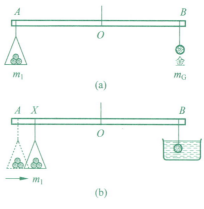

图 2.3

二、《王冠疑案》之疑

首先在 B 点挂上一块纯金,然后在 A 点挂上砝码盘,使它与 B 点的金块平衡,如图 2.3(a) 所示。接着把金块完全浸入水中,此时由于金块受到水的浮力,使 B 端的受力轻了一些,平衡受到破坏。为了取得新的平衡,必须把砝码盘右移到新的平衡点,记为 X,如图 2.3(b) 所示。下面我们说明,X 点的确定与金块的大小无关,这正是伽利略"小秤"的妙处所在!事实上,假定选用金块的体积为 V_G,而金的密度(即单位体积金的质量)为 ρ_G,于是金所受的重力 W_G 可以写成

$$W_G = m_G g = \rho_G g \cdot V_G$$

当金块浸入水中时,由于受到了水的浮力,B 端受力减少了与金块同体积水所受的重力。所以 B 端实际受到的力为 $(\rho_G - \rho_水)g \cdot V_G$,根据杠杆原理,前后两次分别有

$$\begin{cases} W_1 \cdot OA = W_G \cdot OB = \rho_G \cdot g \cdot V_G \cdot OB \\ W_1 \cdot OX = (\rho_G - \rho_水) g \cdot V_G \cdot OB \end{cases}$$

这里 $W_1 = m_1 g$。

由此得

$$OX = \left(1 - \frac{\rho_水}{\rho_G}\right) \cdot OA$$

它是一个只与金的密度有关的确定的量。这无疑表明 X 的位置是固定不变的。

如果我们把金块换成银块,重复前面的实验,同样可以求得对于银的一个新平衡点 Y,它也是不变的,只是比 X 更靠近支点 O 罢了。

现在我们对王冠也做同样的实验,确定出一个介于 X、Y 之间,相应于王冠的平衡点 Z(图 2.4)。伽利略在《小秤》一文中断言:"长度 ZY 与 XZ 的比,即王冠中金与银含量的比。"

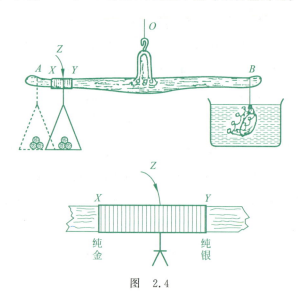

图 2.4

伽利略的证明对大多数初中学生来说都不难看懂。假设王冠的质量为 m_K,其中含金、含银的质量分别为 u、v,又用 ρ_S、ρ_K 分别代表银和王冠的密度,那么,根据质量和体积相等的关系就有

$$\begin{cases} u+v=m_K \\ \dfrac{u}{\rho_G}+\dfrac{v}{\rho_S}=\dfrac{m_K}{\rho_K} \end{cases}$$

这是二元一次方程组,很容易解得

$$u = \frac{\dfrac{1}{\rho_S} - \dfrac{1}{\rho_K}}{\dfrac{1}{\rho_S} - \dfrac{1}{\rho_G}} \cdot m_K, \quad v = \frac{\dfrac{1}{\rho_K} - \dfrac{1}{\rho_G}}{\dfrac{1}{\rho_S} - \dfrac{1}{\rho_G}} \cdot m_K$$

从而,王冠中的金与银的质量比为

$$u : v = \left(\frac{1}{\rho_K} - \frac{1}{\rho_S}\right) : \left(\frac{1}{\rho_G} - \frac{1}{\rho_K}\right)$$

另一方面注意到(同于 OX 的求法)

$$OY = \left(1 - \frac{1}{\rho_S}\right) \cdot OA \; ; \quad OZ = \left(1 - \frac{1}{\rho_K}\right) \cdot OA$$

于是

$$ZY : XZ = \left[\left(1 - \frac{1}{\rho_S}\right) - \left(1 - \frac{1}{\rho_K}\right)\right] : \left[\left(1 - \frac{1}{\rho_K}\right) - \left(1 - \frac{1}{\rho_G}\right)\right]$$

$$= \left(\frac{1}{\rho_K} - \frac{1}{\rho_S}\right) : \left(\frac{1}{\rho_G} - \frac{1}{\rho_K}\right)$$

上面的比值恰好等于 $u : v$。这正是伽利略的结论。

1700 多年前的王冠疑案,到了伽利略手中,终于有了一个令人满意的结论。至于阿基米德当初是否这样做过,或是否曾经这样想过,现在都已无从查考。然而,伽利略的才华,却因《小秤》的精巧构思开始崭露头角。

三、丢番图和勾股数

古往今来,大概只有数学家的墓志铭最为言简意赅。他们的墓碑上往往只是刻着一个图形或写着一个数,但这些形和数,却代表了他们一生的执着追求和闪光的业绩。

在"一、王冠疑案的始末"中的那个古希腊数学家,阿基米德的墓碑上刻着一个圆柱,圆柱里内切着一个球,这个球的直径恰与圆柱的高相等。这个图形表达了阿基米德的如下发现:球的体积和表面积都等于它外接圆柱体体积和表面积的 2/3。由此容易

推得一个半径为 R 的球体的体积 V 和表面积 S 的公式

$$V = \frac{4}{3}\pi R^3$$

$$S = 4\pi R^2$$

令人难以置信的是,这个竖立于叙拉古的阿基米德墓碑,不是由阿基米德的朋友修建的,而是由敬畏他的敌人也就是那个围攻叙拉古的罗马军队统帅马塞拉斯修建的。

1610 年,荷兰人鲁道夫·范·科伊伦(Ludolph van Ceulen, 1540—1610)把 π 算到了小数点后面 35 位,这是当时的世界纪录。他感到自己不虚此生,于是留下遗言,要后人把 π 的 35 位小数刻在他的墓碑上。

17 世纪瑞士的著名数学家雅各布·伯努利(Jacob Bernoulli, 1654—1705),在数学的许多分支都有过重要的贡献,尤其醉心于对数螺线的美妙性质。他在临终前特地叮嘱,要求将一正一反的两条对数螺线刻在他的墓碑上,并附以简洁而又含义双关的墓志铭:"我虽然变了,但却和原来一样!"

在众多数学家的墓志铭中,被誉为"代数学鼻祖"的丢番图的墓志铭,可算是一个例外。丢番图(Diophantus, 246—330)是 3 世纪亚历山大里亚城人,他的名著《算术》对后世影响极大,是一部可与欧几里得(Euclid,约公元前 330—前 275)的《几何

《原本》相媲美的代数学的最早论著。丢番图的墓碑文是很奇特的,用一种未知的方式写出了已知的一生:

过路人!这儿埋着丢番图的骨灰,下面的数字可以告诉你他活了多少岁。

他生命的1/6是幸福的童年。

再活1/12,颊上长出了细细的胡须。

又过了生命的1/7他才结婚。

再过了5年他感到很幸福,生了一个儿子。

可是这孩子光辉灿烂的生命只有他父亲的一半。

儿子死后,老人在悲痛中活了4年,结束了尘世生涯。

请问:丢番图活了多少岁?几岁结婚,几岁生孩子?

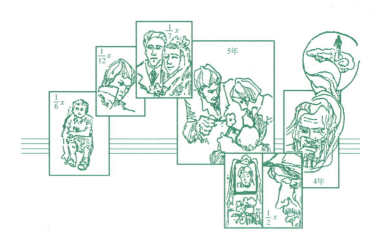

三、丢番图和勾股数

这段散发着代数芳香的碑文,是历史留给后人关于这位学者生平的唯一信息。根据这一信息我们可以列出方程

$$\frac{x}{6}+\frac{x}{12}+\frac{x}{7}+5=\frac{x}{2}-4$$

解得 $x=84$。即丢番图享年 84 岁,他 33 岁结婚,38 岁得子。

尽管人们对丢番图的生平知之不多,但对他的学术造诣却颇为了解。尤其丢番图关于二次不定方程的巧妙解答,更使后人叹为观止。下面讲的勾股数组便是其中一例。

大家知道,我国是世界上最早发现勾股定理的国家。早在公元前 1100 年,我国劳动人民就已掌握了勾三、股四、弦五的规律,在两千年前成书的《周髀算经》中,记载了那时周公与商高的一段有趣对话。书中还有一张勾股定理证明图(图 3.1),叫"弦图"。

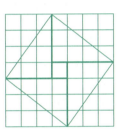

图 3.1

勾股定理的一般表述是:假设 x、y 是一个直角三角形的两条直角边长,z 是斜边长,那么这 3 个数必须满足

$$x^2+y^2=z^2$$

西方最早发现这个定理的,是古希腊的毕达哥拉斯(Pythagoras,约公元前 580—前 500)。除证明以外,他还找到了如下求勾股数组的式子:

$$\begin{cases} x = n \\ y = \dfrac{1}{2}(n^2 - 1) \\ z = \dfrac{1}{2}(n^2 + 1) \end{cases} \quad (n \text{ 为正奇数})$$

后来另一个古希腊著名学者柏拉图(Plato,公元前 427—前 347)也给出了类似的式子。

丢番图发现,无论是毕达哥拉斯还是柏拉图的式子,都没能给出全部勾股数组,例如 8,15,17 就不在毕达哥拉斯的式子中。于是丢番图致力于寻求构造勾股数的一般法则。丢番图找到的这种法则是:若 a、b 是两个正整数,且 $2ab$ 是完全平方,则

$$\begin{cases} x = a + \sqrt{2ab} \\ y = b + \sqrt{2ab} \\ z = a + b + \sqrt{2ab} \end{cases}$$

是一组勾股数。

丢番图究竟怎样找到这些式子,我们今天无从得知,但读者完全可以验证它们满足方程

$$x^2 + y^2 = z^2$$

用丢番图的方法,我们可以得到最前面的几组勾股数(表 3.1)。

三、丢番图和勾股数

表 3.1　几组勾股数

a	b	$x^2+y^2=z^2$
1	2	$3^2+4^2=5^2$
1	8	$5^2+12^2=13^2$
2	4	$6^2+8^2=10^2$
1	18	$7^2+24^2=25^2$
2	9	$8^2+15^2=17^2$
3	6	$9^2+12^2=15^2$
1	32	$9^2+40^2=41^2$
2	16	$10^2+24^2=26^2$
⋮	⋮	⋮

丢番图的功绩在于，他所找到的式子包含了全部的勾股数组。值得一提的是，与丢番图同时代的我国魏晋时期数学家刘徽，用几何的方法找到了以下求勾股数组的公式：

$$\begin{cases} x = uv \\ y = \dfrac{1}{2}(u^2 - v^2) \\ z = \dfrac{1}{2}(u^2 + v^2) \end{cases} \begin{pmatrix} u、v \text{ 为同奇偶的} \\ \text{正数；且 } u > v \end{pmatrix}$$

这一结论载于 263 年刘徽对一部古籍算书的注释本中。这是迄今为止人们对于勾股数组的最为完美的表示之一。

久远的年代，往往使事件笼罩上一层神秘的色彩。1945 年，人们惊奇地发现了一份古巴比伦人的数学手稿。据考证，其年代远在商高和毕达哥拉斯之前，大约在公元前 1900—前 1600 年。手稿中令人难以置信地列出了以下 15 组勾股数（表 3.2）。

表 3.2 古巴比伦人的数学手稿中的 15 组勾股数

序号	勾股数组	序号	勾股数组
1	119,120,169	9	481,600,769
2	3367,3456,4825	10	4961,6480,8161
3	4601,4800,6649	11	45,60,75
4	12 709,13 500,18 541	12	1679,2400,2929
5	65,72,97	13	161,240,289
6	319,360,481	14	1771,2700,3229
7	2291,2700,3541	15	56,90,106
8	799,960,1249		

表 3.2 中的许多勾股数具有很大的数字，这些数即使在今天也不是人人都很熟悉。天晓得古巴比伦人当时是怎样得到这些数的！如果考古学家坚信自己没有对历史年代判断错的话，那么上面的史实表明：在世界的其他地方还不知道 3、4、5 的关系的时候，古巴比伦人已经有了相当灿烂的文化。这无疑给人类早期的文明史，又增添了一个千古之谜！

四、悬赏 10 万马克的问题

第三节中我们说到,早在 3 世纪丢番图实际上已经给出了不定方程 $x^2+y^2=z^2$ 的全部正整数解。

1621 年,才华横溢、学识渊博的法国数学家皮埃尔·德·费马(Pierre de Fermat,1601—1665)在巴黎的书摊上买到了一本巴夏翻译的拉丁文本《算术》。这部古希腊数学家丢番图的著作,引起了费马的浓厚兴趣,此后 10 多年,他经常翻看此书,还不时用拉丁文在书页的空白处写下批注。

皮埃尔·德·费马

费马是 17 世纪欧洲最负盛名的一位数学家,也是公认的数论和概率论的创始人之一。他善于提问,富于探索,在数学的许多领域有着极深的造诣和辉煌的成就。只是费马性格怪异,从不愿意公开发表著作。他的大多数研究成果,不是记录在与友人的通信之中,就是批注在阅读过的书籍之上。1665 年费马病逝,留下一大堆手稿和信札。1670 年,费马的儿子在整理父亲遗留下的书籍时偶然间发现,在巴夏译的那本丢番图的书上,有一段父亲 30 多年前(即 1637 年)用拉丁文写下的批注:

> 将一个正整数的立方表示为两个正整数的立方和;将一个正整数的 4 次幂表示为两个正整数的 4 次幂的和;或者一般地,将一个正整数高于二次的幂表示为两个正整数同次幂的和,这是不可能的。对此,我确信已经找到了令人惊异的证明,但是书页的边缘太窄了,无法把它写下。

费马的这段批注,写在《算术》一书的第 2 卷第 8 命题旁边,这个命题就是第三节所讲的,求不定方程 $x^2+y^2=z^2$ 的整数解。因而我们可以把费马声称获证的论断,类似地简述为:当 $n \geqslant 3$ 时,不定方程

$$x^n + y^n = z^n$$

没有整数解。

费马批注的公开,引起了人们的极大兴趣。费马的儿子翻箱倒柜,查遍了父亲的藏书、遗稿和其他遗物,热切期望能找到那个"令人惊异"的证明,但始终一无所获。许多优秀的数学家

也为寻求费马的证明方法,付出了巨大的努力和艰辛的劳动,然而都没能取得成功。在一连串的失败和挫折之后,人们开始怀疑,费马是否充分论证过他的定理。

随着时间的流逝,这个以费马命名的猜想,成为向人类智慧挑战的一道举世闻名的难题。

第一个富有历史性的突破,出现于1779年。彼得堡科学院院士莱昂哈德·欧拉(Leonhard Euler,1707—1783)采用无限递降法,成功地证明了当 $n=3$,$n=4$ 时费马猜想是成立的。此后,问题又沉寂了近50年。到了1823年,法国数学家阿德利昂·勒让德(Adrien Legendre,1752—1833)重新吹响了进军号。他证明了当 $n=5$ 时费马猜想成立。8年之后,一位完全靠自学成才的法国妇女索菲·热尔曼(Sophie Germain,1776—1831),凭着独有的聪明和才智,把结果向前大大推进了一步:在假定 x、y、z 与 n 互质的前提下,证明了对小于100的奇质数,费马猜想都是正确的。

受热尔曼的启发,人们发现,如果把费马猜想中的条件放宽,例如附加上 $n \geqslant z$ 的限制,那么整个证明将变得容易。事实上这时我们不妨假设

$$n \geqslant z > y \geqslant x$$

于是有

$$z^n - y^n = (z-y)(z^{n-1} + z^{n-2}y + z^{n-3}y^2 + \cdots + y^{n-1})$$
$$> 1 \cdot nx^{n-1} > x^n$$

从而 $x^n+y^n<z^n$，这说明此时费马猜想成立。

然而不放宽条件恰恰是问题的困难所在，使得千万人为此呕心沥血。

指数 n 的纪录随时间的推移在缓慢地更新着。1840 年法国的勒贝格证明了 $n=7$ 时猜想成立。1849 年德国的库默尔用一种精妙的方法，取消了热尔曼关于 x、y、z 的限制。至此，指数的上限正式推进到 100，前后共经历了 200 年的漫长岁月。现实使人们对这个问题刮目相看！1850 年和 1853 年，法兰西科学院两次决定，悬赏 2000 金法郎，征求对费马猜想的一般性证明。消息传出，群情振奋，重赏之下，确也取得了一些进展，指数上限从 100 升到了 216。

1900 年，正当人类跨进 20 世纪之际，第二届国际数学家会议在巴黎召开。德国数学家戴维·希尔伯特（David Hilbert，1862—1943）向大会提出了 23 个 20 世纪需要攻坚的难题，其中就有费马猜想的证明。1908 年，为了激励人们探索，德国哥廷根科学院决定以 10 万马克的巨额悬赏，征求对费马猜想的完整证明，限期为 100 年。

随着电子计算机技术的迅速

四、悬赏10万马克的问题

发展，数学家们已将费马猜想中的指数上限一再刷新，从 216 推进到 12.5 万。到 1987 年，美国加利福尼亚大学的罗瑟教授又把 n 的上限推进到 4100 万。当然，这与当时人们所要追求的目标，依然相距十分遥远。另一方面，若想要举出一个反例，似乎要比证明问题本身，更困难得多。

令人感到惊奇的是，20 世纪最伟大的数学家之一，前面讲到的那位大名鼎鼎的哥廷根大学教授希尔伯特曾经声称，他已经找到了打开费马猜想的神秘钥匙。不过，由于他认为，"留着这个问题比解决这个问题，更能促进后人对数学的开拓创新"而至死不宣。从而，又给人世间留下了一个与费马猜想相似的谜。

令人欣慰的是，就在 10 万马克悬赏期限即将到来之际，数学界终于传来了振奋人心的消息。1993 年 6 月英国数学家安德鲁·怀尔斯（Andrew Wiles，1953— ）在剑桥大学牛津研究所的一次会议上宣布，他证明了费马猜想。消息传出，寰宇振动。不久，怀尔斯发现自己的证明有一个漏洞，一年之后他补上了这个漏洞，并通过了国际数学界的权威审查。至此，这个困扰人类 300 多年的难题终于被人类智慧所征服。1997 年 6 月，德国哥廷根大学宣布将为此而设置的 10 万马克（约合 200 万美元）奖金，授予对此做出巨大贡献的数学英雄怀尔斯！

今天，作为难题的费马猜想，虽然已经画上了句号，但 3 个多世纪来无数人的不懈努力，给数学积累下的宝贵财富，远比该问题本身带给人们的多得多。

五、架设通向已知的金桥

我们这个世界充满着未知,人类的智慧正架设着千千万万座从未知通向已知的金桥。形形色色的方程和它们的求解过程,无疑是这些桥梁中最为动人的几座。

现今的人们,已经习惯于用字母 x、y 等代表未知量,并用各种极为简练的符号表示未知量和已知量之间的种种运算关系,从而构成了形式各异的代数式。两个代数式之间用"="加以连接,就得到今天大家常见的方程。然而,发展到现有初中课本上看到的一切,经历了相当漫长的岁月。符号"+"与"-"的使用,始于 1489 年。"×"号出现于 17 世纪初,"÷"号还要更晚些。作为方程标志的近代等号"=",则最早见于 1557 年,罗伯特·雷科德(Robert Recorde,1510—1558)的《砺智石》一书中。

雷科德曾经极为明确地说,他选择两条等长的平行线作为等号,是因为它们再相等不过了。用字母表示数,是一个极大的创造。它使更加深奥的代数理论的形成成为可能。这个功绩要首推法国数学大师弗朗索瓦·韦达(Francois Vieta,1540—1603)。韦达的名字,因其提出二次方程根与系数的关系,而为广大中学生所熟悉。韦达定理指出:若方程 $ax^2+bx+c=0$ 的两根为 x_1、x_2,那么有

$$\begin{cases} x_1+x_2=-\dfrac{b}{a} \\ x_1x_2=\dfrac{c}{a} \end{cases}$$

尽管整个符号系统发展得非常缓慢,但无论是古代的希腊还是中国,人类都以其各自独有的文化,建立了一座座数学史上的丰碑。我们中华民族的伟大祖先,曾在代数学上做出过令世人叹为观止的辉煌成就。英国剑桥大学的李约瑟教授,在《中国科学技术史》一书中写道:"自远古以来,中国人在数学工作中一贯具有算术和代数的头脑。"

由于没有一套良好的符号系统,古代的欧洲和阿拉伯数学家,都为形如 $ax+b=0$ 这样一个简单的一元一次方程困惑过。这似乎是不可思议的,因为在今天,任何一个中学生对于这样的方程都是不屑一顾的。然而古代数学家确曾为此求助于一种较为烦琐的"试位法"。这种方法的要点是,把两个猜测的未知数

值 g_1、g_2，代入方程的左端，算得

$$\begin{cases} ag_1 + b = f_1 & (1) \\ ag_2 + b = f_2 & (2) \end{cases}$$

式(1)-式(2)得 $\quad a(g_1 - g_2) = f_1 - f_2 \quad (3)$

由式(1)、(2)得 $\quad \begin{cases} ag_1g_2 + bg_2 = f_1g_2 \\ ag_1g_2 + bg_1 = f_2g_1 \end{cases}$

上两式相减 $\quad b(g_2 - g_1) = f_1g_2 - f_2g_1 \quad (4)$

式(4)÷(3)得 $\quad -\dfrac{b}{a} = \dfrac{f_1g_2 - f_2g_1}{f_1 - f_2}$

于是 $\quad x = \dfrac{f_1g_2 - f_2g_1}{f_1 - f_2}$

这就是满足方程的未知数值。以上的演算过程，常见于 9 世纪的阿拉伯的数学著作。比起这些，我们的祖先在代数学方面的成就，确实可以引以为豪。早在 1 世纪成书的我国古代数学著作《九章算术》中就曾使用过同样的方法。不过，那时用的是另一个名称，叫"盈不足"。

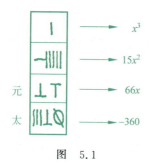

图 5.1

中国古代的数学有着独特的风格。那时，人们称未知数为"元"，称常数为"太"，而数的指数和幂则是根据它们的位置来确定。例如，图 5.1 方格表示一个方程。方格中的符号是一种古老的记数法，从上到下依次

表示 1,15,66 和 −360,后者的负值是因为加有一条斜线。未知量的幂次根据元以上格子的排列决定,图 5.1 的右边列的是对应位置代表的未知量幂次。这样,方格图所表示的方程为
$$x^3 + 15x^2 + 66x - 360 = 0$$

对于更为复杂的方程,使用的是如图 5.2(a)那样的方格阵。正中央的"太"是常数项,四向分别表示 4 个未知量和它们的幂,图 5.2(b)即表示以下的四元一次方程:
$$x - 2y + 2z + 3w - 5 = 0$$

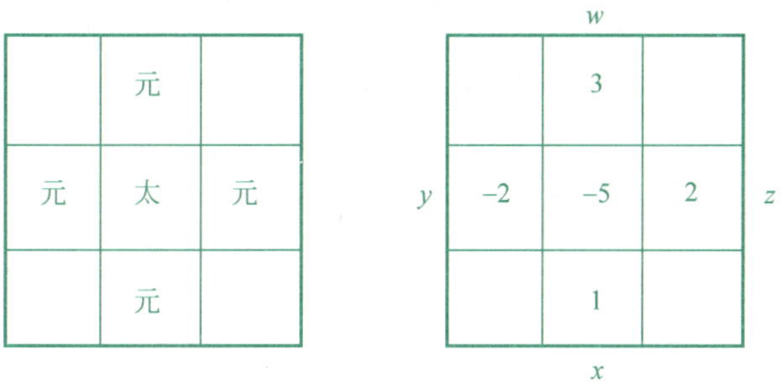

	元	
元	太	元
	元	

(a)

	w	
	3	
−2	−5	2
	1	

y 行中 −2,z 列;x 在下方

(b)

图 5.2

而图 5.3 则表示更为复杂的式子:
$$2y^3 - 8y^2 - xy^2 + 28y + 6xy - x^2 - 2x$$

图 5.4 左侧表格是 2000 年前用以解一次联立方程组的图表。我想无须做更多的解析,读者就可把它与右侧方程组的关系弄得一清二楚。

需要提到的是,我国古代数学家求解方程是在一种叫作

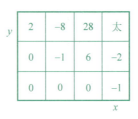

y	2	−8	28	太
	0	−1	6	−2
	0	0	0	−1
				x

图 5.3

1	2	3	(x)
2	3	2	(y)
3	1	1	(z)
26	24	39	

⇨

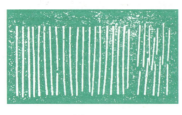

$$x + 2y + 3z = 26$$
$$2x + 3y + z = 24$$
$$3x + 2y + z = 39$$

图 5.4

“筹算盘”上进行的，这实际上是一种放大了的方格阵。配合计算的工具称为“算筹”。它是一种直径 1 分(1/3 厘米)、长 6 寸(20 厘米)的细棍，竹制或骨制，分两色，其中一色代表负数。图 5.5 是 1971 年 8 月，在陕西省千叶县的一座西汉墓中出土的骨算筹照片，出土时，这些骨算筹装在死者腰部的一个丝囊里。据记载，用算筹计算时，计算者把它扔向筹算盘中的预定格子，然后腾挪调动，进行各种

图 5.5

计算。善算的人，能够运筹如飞，使人目不暇接。我国南北朝时期的伟大数学家祖冲之（429—500），就是用这种方法求得了圆周率 π 的值介于 3.1415926 与 3.1415927 之间。这要比西方国家取得相同结果早了整整 1000 年。可见，我国古人的这种质朴的计算形式，确已达到了登峰造极的地步。

在古代欧洲，对几何学所做的贡献似乎要远远超过代数。尽管古希腊的丢番图曾在代数方面有过建树，但终因未能有人继承，而导致了中世纪西方代数学的衰落。直至 16 世纪，在吉罗拉莫·卡尔达诺（Girolamo Cardano，1501—1576）和尼克罗·塔尔塔里亚（Nicolo Tartaglia，1499—1557）之间的一次震动数学界的论战之后，欧洲的代数学才开始了真正的起步。

中国的情形刚好相反，西方代数学衰落之际，恰恰是东方代数学的鼎盛时期。早在 1 世纪的《九章算术》中，就出现了求解二次方程的实际问题。书上还有一道古朴有趣的题目："今有

池,方一丈,葭(芦苇)生其中央,出水一尺。引葭赴岸,适与岸齐,问水深几何?"这道题后来被传到了中亚、印度和欧洲。

3世纪的《孙子算经》对一次不定方程做了相当深刻的论述。5世纪祖冲之的《缀术》一书,详尽指明了求分数近似值的方法。13世纪的宋代,中国代数学达到了很高的水平,出现了秦九韶(约1202—1261)、杨辉(约13世纪中叶)等一批伟大的数学家。在1247年出版的《数书九章》中,秦九韶不仅探讨了三次、四次方程,还探讨了十次方程,同时发展和完善了高次方程近似根的求法——增乘开方法。这一重要方法的要领在于,先估方程根的逐位数字,尔后随乘随加,比如求解方程

$$x^2 + 25x - 78524 = 0$$

初估此方程中 x 的近似值为200,令 $x = y + 200$,代入后得 y 的方程

$$y^2 + 425y - 33524 = 0$$

再估 y 的近似值为60,再令 $y = z + 60$,代入后得 z 的方程

$$z^2 + 545z - 4424 = 0$$

此方程的根为8,因此原方程根为268。

西方国家最早提出类似方法的是意大利的保罗·鲁菲尼(Paolo Ruffini,1765—1822)和英国的 W. G. 霍纳(W. G. Horner,

1786—1837)。他们的发现,少说也比秦九韶晚了 500 年。

  不幸的是,长期以来我们的祖先过于注重在筹算盘上发展出来的那种位置记法,这使得我们无须使用现在普遍使用的大多数基本符号。这种稳固的图式体系,既带来中世纪代数的繁荣,也给前进的道路设置了无形的障碍,致使我们这样一个把代数学钻研到如此之深的民族,在 16 世纪之后的 300 年,令人惋惜地落伍了。

六、一场震动数学界的论战

在"五、架设通向已知的金桥"中讲到,欧洲的代数学,只是在卡尔达诺和塔尔塔里亚之间那场著名的论战之后,才有了真正的起步。要弄清这场震动数学界的论战的来龙去脉,我们还得分别讲起。

话说 16 世纪的最初几年,在意大利最古老的波伦亚大学,有一位叫费洛(Ferlo,1465—1526)的数学教授,他潜心于研究当时的世界难题——一元三次方程的公式解。

大家知道,尽管在古代的巴比伦和古代的中国,都已掌握了某些一元二次方程的解法,但一元二次方程的公式解,却是由中亚数学家阿尔·花拉子米(Al-Khowarizmi,约 783—约 850)在 825 年给出的。花拉子米是把方程 $x^2+ax+b=0$ 改写为

$$\left(x+\frac{a}{2}\right)^2=\frac{a^2}{4}-b$$

六、一场震动数学界的论战

的形式,从而得出方程的两个根

$$x = -\frac{a}{2} \pm \sqrt{\frac{a^2}{4} - b}$$

花拉子米之后,许多数学家曾为探求三次方程解法的奥秘进行过不懈的努力。但在 700 年的漫漫时间长河中,除了取得个别方程的特解之外,没有人能获得实质性进展。在严峻的现实面前,有些人却步了,他们怀疑这样的公式解根本不存在。然而费洛却不以为然,依旧执着地追求着。苍天不负有心人,他终于在不惑之年,取得了重大突破。1505 年,费洛宣布,他本人找到了形如 $x^3 + px = q$ 的三次方程的一个特别情形的解法。在那个时代,为了能在当时颇为流行的数学竞赛上一放光辉,数学家们都力图保持着自己发现的秘密,所以费洛当时没有公开发表自己的成果是不足为怪的。但是费洛始终没能找到一个得以显露自己才华的机会就抱恨逝去,以至于人们至今还无法完全解开费洛解法之谜。然而,人们似乎确切地知道,费洛曾把自己的方法传授给一个得意门生,威尼斯的佛罗雷都斯。

现在话题转到另外一边。意大利北部的布里西亚,有一个小有名气的青年人叫尼克罗·塔尔塔里亚。他原名方塔那,幼年丧父,家境贫寒,还受过九死一生的磨难。伤痛、恐惧和惊吓,留给他一个口齿不灵的结巴毛病。后来为了图吉利,他干脆来个以贱压邪,改名为"塔尔塔里亚",即意大利语"结巴"。

小塔尔塔里亚天资聪慧,勤奋好学。他研究物理,钻研数

学,很快显露出超人的才华。尤其是他发表的一些论文,思路奇特,见地高远,表现了其相当深的数学造诣,从而一时间闻名遐迩。

塔尔塔里亚的自学成才,受到了当时科班出身的一些人的轻视和妒忌。1530 年,布里西亚的一位数学教师科拉,向塔尔塔里亚提出了两个挑战性问题,想以此难倒对方。这两个问题是:

(1) 求 1 个数,其立方加上平方的 3 倍等于 5。

(2) 求 3 个数,其中第 2 个数比第 1 个数大 2,第 3 个数又比第 2 个数大 2,它们的积为 1000。

这实际是两道求三次方程实根的题,如果设题中的第 1 个数为 x,则第 1 道题的方程是 $x^3+3x^2-5=0$,第 2 道题的方程是 $x^3+6x^2+8x-1000=0$。塔尔塔里亚求出了这两个方程的实根,从而赢得了这场挑战,并为此名声大震。

消息传到波利亚大学。费洛的学生佛罗雷都斯听到,在布里西亚居然也有人会解三次方程,心中感到有点不是滋味。他原以为自己得名师单传,此生此世该是独一无二的,不料半路杀出一个"程咬金",而且还是一个不登大雅之堂的小人物,怎能使人信服?于是他们几经协商,终于决定于 1535 年 2 月 22 日,在意大利第二大城市米兰,公开举行数学竞赛。双方各出 30 道题,在 2 小时之内决定胜负。

赛期渐近,塔尔塔里亚因自己是自学而感到有些紧张。他

六、一场震动数学界的论战

想,"佛罗雷都斯是费洛的弟子,说不准他会拿解三次方程来为难自己,那么自己要怎样去对付呢?"他又想,"自己已经掌握的一类解法跟费洛的解法相差多远呢?"他苦苦思索着,脑海中的思路不断进行着各种新的组合,这些新的组合终于撞击出灵感的火花。在临赛前 8 天,塔尔塔里亚终于找到了进一步解三次方程的办法。为此他欣喜若狂,并充分利用剩下的 8 天时间,一面熟悉自己的新方法,一面精心构造了 30 道只有运用新方法才能解出的问题。

1535 年 2 月 22 日,米兰的哥特式大理石教堂内,人头攒动,热闹非凡,大家翘首等待着竞赛的到来。比赛开始了,双方所出的 30 道题都是令人眩目的三次方程问题。但见塔尔塔里亚从容不迫,运笔如飞,在不到 2 小时的时间内,解完了佛罗雷都斯的全部问题。与此同时,佛罗雷都斯提笔掂纸,望题兴叹,一筹莫展,终于以 0∶30 败下阵来!

消息传出,数学界为之震动。在米兰市有一个人坐不住了,他就是当时驰名欧洲的医生卡尔达诺。卡尔达诺不仅医术

颇高,而且精于数学,曾发表过不少数学论文,并精心研究过三次方程问题,但无所获。所以当他听到塔尔塔里亚已经掌握三次方程的解法时,满心希望能分享这一成果。然而当时的塔尔塔里亚已经誉满欧洲,所以并不打算把自己的成果立即发表,而是醉心于完成《几何原本》的巨型译作。对众多的求教者,他一概拒之门外。当过医生的卡尔达诺,熟谙心理学的要领,以勤奋、刻苦、真诚打动塔尔塔里亚,使他似乎见到了自己曾经的影子,从而成了唯一的例外。1539年,在卡尔达诺的再三恳求下,塔尔塔里亚终于同意把自己的秘诀传授给他,但有一个条件,就是要严守秘密。然而卡尔达诺并没有遵守这一诺言。1545年,他用自己的名字发表了《大法》(Ars Magna,意即伟大的技艺)

六、一场震动数学界的论战

卡尔达诺

一书,书中介绍了不完全三次方程的解法,并写道:

> 大约 30 年前,波伦亚的费洛就发现了这一法则,并传授给威尼斯的佛罗雷都斯,后者曾与塔尔塔里亚进行过数学竞赛。塔尔塔里亚也发现了这一方法。在我的恳求下塔尔塔里亚把方法告诉了我,但没有给出证明。借助于此,我找到了若干证法,因其十分困难,现将其叙述如下。

以上,就是后来人们把三次方程的求根公式,称作卡尔达诺公式的缘由。

卡尔达诺指出,对不完全三次方程

$$x^3 + px + q = 0$$

公式

$$x = \sqrt[3]{-\frac{q}{2} + \sqrt{\frac{q^2}{4} + \frac{p^3}{27}}} + \sqrt[3]{-\frac{q}{2} - \sqrt{\frac{q^2}{4} + \frac{p^3}{27}}}$$

给出了它的解。

顺便要说的是,从完全三次方程 $ax^3 + bx^2 + cx + d = 0$,到不完全三次方程,只需施行一个变换 $y = x + \dfrac{b}{3a}$。这实际上只有一步之遥。

《大法》发表第二年,塔尔塔里亚发表了《种种疑问及发明》

一文,谴责卡尔达诺背信弃义,并要求在米兰与卡尔达诺公开竞赛,一决雌雄。然而到参赛那天,出阵的并非卡尔达诺本人,而是他的天才学生,一位从小当过仆人,因才华出众而被卡尔达诺看中的青年人费拉里(Ferrari,1522—1565)。此时的费拉里风华正茂,思维敏捷,能言善辩。他不仅掌握了解三次方程的要领,而且已经发现了四次方程的极为巧妙的解法。此时的塔尔塔里亚哪是费拉里的对手,自然是不堪一击,狼狈败返!此后,塔尔塔里亚虽然潜心于代数学的鸿篇巨制,但终因此番挫折,心神俱伤,于1557年溘然与世长辞,享年58岁。

七、死后方得荣誉

16世纪的欧洲,自然科学的发展突飞猛进。哥白尼的日心说,对几千年来上帝创造世界的宗教传说,给予了致命的打击。哥伦布和麦哲伦等人在地理上的发现,为地圆说提供了无可辩驳的证据。伽利略在物理方面的工作,使人类对宇宙有了新的认识。作为"自然科学皇后"的数学,从16世纪到18世纪,群星璀璨,出现了笛卡儿、帕斯卡、牛顿、莱布尼茨、欧拉、高斯、拉普拉斯、拉格朗日等一大批杰出的数学家。他们交相辉映,把数学推进到一个颇为广阔深刻的境地。坐标的出现、复数的应用、微积分的创立、数论的发展,这一系列进展把客观世界形与数、动与静的研究,有机地融合在一起。此刻的欧洲数学,已经完全抛却了中世纪的滞后状态,在人类的文明进程中,遥遥走在前列。

然而，作为代数方程这一分支，情况却有点不同。"一场震动数学界的论战"中讲道，由于 16 世纪初那场激动人心的论战，促成了三次、四次方程公式解的发现。16 世纪中叶以后，人们就致力于五次方程一般解法的探求。数学家们仔细分析了从二次方程到四次方程的解法，发现人们为寻找这些方程的根式解，都采用了一些特殊的变换。例如，对二次方程 $x^2+px+q=0$，花拉子米用的变换是 $z=x+\dfrac{p}{2}$，代入后化为可解的

$$z^2-\left[\left(\dfrac{p}{2}\right)^2-q\right]=0$$

又如，对于不完全三次方程 $x^3+px+q=0$，卡尔达诺的思路如下。

令 $x=u+v$，代入后变为

$$u^3+v^3+(3uv+p)(u+v)+q=0$$

我们试图确定 u 和 v。一种办法是使上式括号乘积为 0。于是可得

$$\begin{cases}3uv+p=0\\ u^3+v^3+q=0\end{cases}$$

这样，u^3 和 v^3 便是二次方程

$$\omega^2+q\omega-\dfrac{p^3}{27}=0$$

的根。对于四次方程，费拉里运用了更为巧妙的变换。总而言

七、死后方得荣誉

之,所有这些变换都是偶然找到的!那么,一般五次方程的神秘的变换究竟在哪里?人们在不断地摸索着。

50年过去了,100年过去了!又一个100年过去了!无数数学家为此绞尽脑汁,耗尽心血,终无所获。严峻的事实促使人们开始思考:是人类智慧所未及呢?还是这样的公式根本不存在呢?

1778年,法国数学大师拉格朗日(Lagrange,1736—1813)终于开辟了一条新路。他致力于寻找二次、三次、四次方程能普遍适用的根式解法。他想,如果这种方法找到了,那么推广到五次方程,也应该是适用的。拉格朗日几经努力终于发现,一个已知方程式的根,可由另外一个辅助方程式的根的对称函数来表示。拉格朗日称这个辅助方程式为预解式。利用预解式,拉格朗日顺利解决了三次、四次方程的求解问题,因为这时的预解式次数比原方程少一次。但当他把这种方法用于五次方程时,发现所得预解式竟是六次的!这位享誉欧洲的数学大师感到束手无策了!那时曾有一个念头闪过他的脑海:这样的公式是不存在的!但他无法加以证实。拉格朗日终于为自己智穷力竭而感慨万千。

人类的智慧面临着挑战,攻坚的接力棒传了下去,接它的是一位挪威的年轻人尼尔斯·阿贝尔(Niels Abel,1802—1829)。他以初生牛犊不怕虎的姿态,向五次方程发起了猛烈的冲刺,并终于胜利到达了终点!1824年,阿贝尔成功地证明了五次以上一般方程不可能有根式解,那时他才22岁。他用自己闪光的青春,向人们宣告了一条真理:人类的智慧是不可战胜的!

然而,阿贝尔成功的道路是坎坷的,他虽然有短暂的喜悦,但更多的是悲伤。这个世界给予他的荣誉多半在他去世后!

1802年8月5日,阿贝尔诞生于一个贫困的乡村牧师家庭。在7个兄弟姐妹中,他排行第二。13岁时,他被送到奥斯陆的一所教会学校学习,开始他对数学并不十分感兴趣。1817年,学校里发生了一个非常事件,一夜间改变了阿贝尔的命运。原先教他数学的老师,因虐待学生致死而被解雇。新来的老师是一个年仅22岁的青年,叫B. M. 霍尔姆伯(B. M. Holmböe,1795—1850)。B. M. 霍尔姆伯很快发现了阿贝尔非凡的数学才能。一开始,他推荐一些参考书让阿贝尔自学。接着又跟阿贝尔一块研究欧拉、拉格朗日等当代名家的著述。当阿贝尔表示自己要攻克五次方程的根式解问题时,许多同学鄙夷地笑了,说他是癞蛤蟆想吃天鹅肉,不自量力。然而B. M. 霍尔姆伯却非常赞赏他,鼓励他努力攀登。

1821年,19岁的阿贝尔进入了克利斯安娜大学,由于刻苦钻研和顽强自学,他的数学造诣更深了。为了实现自己的夙愿,阿贝尔细心研究了数学大师高斯

阿贝尔

七、死后方得荣誉

(Gauss,1777—1855)和拉格朗日等人的工作。开始,他仿照前人的做法,正面去寻求答案。在连续遭受挫折之后,经过深思熟虑,他终于悟出了一条真理:200年的失败,暗示着四次以上的方程不可能有根式解。他觉得拉格朗日提出的"根的排列",实在是太重要了,他决定"顺藤摸瓜",果然取得了重大突破。他证明:可用根式求解的方程,出现在根表达式中的每一个根式,都可以表示成根和某些单位根的有理函数。例如,二次方程 $x^2+px+q=0$ 的两根为 x_1,x_2,根表达式里的根式为 $\sqrt{p^2-4q}$,可以表示成 $|x_2-x_1|$,初中学生很熟悉这一点。基于前面讲到的定理,1824年,阿贝尔最终证明了一般五次代数方程不可能有根式解。

200多年困惑人类的悬案,居然被一个不知名的年轻人解决了,这可能吗?!整个社会戴着有色眼镜看着他。一个个杂志婉言拒绝发表他的论文,最后,阿贝尔只好决定由自己出钱来印刷他的论文。然而,悲惨的遭遇并没有因此结束。

1825年,阿贝尔来到了欧洲大陆,他拜访了许多名家,但谁也没有给予他应有的重视。他把自己的论文寄给哥廷根号称"数学之王"的高斯,也同样遭到冷遇。这使得阿贝尔愤然放弃哥廷根之行,改赴柏林。在那里他十分幸运地结识了工程师克雷尔。克雷尔虽然看不懂阿贝尔的论文,但却看出了阿贝尔非凡的能力。1826年,克雷尔在阿贝尔的建议下,创办了《理论与数学》杂志。这一通常称为《克雷尔数学杂志》的刊物，前3期共刊登了阿贝尔的22篇论文，这些文章介绍了阿贝尔在数学各个领域的开拓性工作。阿贝尔的杰出成就，终于引起了欧洲大陆数学家们的注意。《克雷尔数学杂志》也因此出名，饮誉至今。

1827年5月，阿贝尔怀着一颗报效祖国的心，回到奥斯陆。然而在故乡，他连工作也没找到。1828年9月，4名享有盛誉的法兰西科学院院士，采取了非常的方式，联合上书给当时的挪威国王查理十四，请他为阿  贝尔创造必要的科研条件。然而，这时的阿贝尔由于长期劳累，肺结核复发，导致大量吐血，生命垂危。

1829年4月9日，阿贝尔的家属收到一份寄自柏林的聘书，上面写着：

尊敬的阿贝尔先生：
本校聘您为数学教授，望万勿推辞为幸！

柏林大学

但这份聘书迟到了，因为3天前这位数学史上的灿烂新星陨落了。

七、死后方得荣誉

1830年6月28日,法兰西科学院把它的大奖授予阿贝尔,但这份殊荣乃是得于死后!

八、数学史上的灿烂双星

19 世纪 20 年代,欧洲大陆的数学界出现了两颗耀眼的新星。一颗是前文讲到的挪威年轻数学家阿贝尔,另一颗则是本节要讲的法国天才数学家埃瓦里斯特·伽罗瓦(Évariste Galois,1811—1832)。

1824 年,阿贝尔以其无比的创造才华,打破了困惑人类两百多年的僵局,成功地论证了一般五次方程的不可解性。然而,一般的五次方程不能用根式求解,不等于说任何一个具体的五次方程,都不能用根式求解。例如:

$$x^5 - 32 = 0$$

$$x^5 + x + 1 = 0$$

就可以求解。后者虽然不容易一眼看出来,但只要告诉大家,方

程的左端可以因式分解为

$$x^5+x+1=(x^3-x^2+1)(x^2+x+1)$$

结论也就十分清楚了。那么,能够用根式求解的特殊五次方程,应当具备什么条件呢?阿贝尔在他短暂生命的最后几年,曾经为此苦苦思索过,但他没有来得及得出结论就不幸去世。彻底解决这个问题的就是前面提到的绝代天才伽罗瓦。1828年,年轻的伽罗瓦巧妙而简洁地证明,存在能用代数运算求解的具体方程式,同时还提出了一个代数方程能用根式求解的判定定理,那时他还只是一个17岁的中学生呢!

伽罗瓦一生的遭遇和阿贝尔有着惊人的相似:逆境成才、研究五次方程、受到老师的巨大影响、研究成果受冷遇、过早陨落,而且同样也是死后才得到荣誉。

埃瓦里斯特·伽罗瓦

1811年,伽罗瓦出生在法国巴黎附近的一个小镇,他12岁进入中学。开始有些老师认为他"没有智慧",是一块"不可雕的朽木",但伽罗瓦并不因此气馁。3年后他受教于数学教师 H. J. 范尼尔(H. J. Vernier),范尼尔唤起了伽罗瓦的数学才华。在范尼尔的指导下,伽罗瓦如饥似渴地自学了许多名家巨作。数学大师拉格朗日的代数方程论,使伽罗瓦如同步入宝山。1827年,16岁的伽罗瓦开始致力于方程论的研究。这时,22岁的阿贝尔成功的消息传来,伽罗瓦大为振奋。但他觉得,虽然阿贝尔的杰出成就轰动世界,但他还没有解决哪些方程可以用根式求解,哪些不能"。于是这个问题就成了伽罗瓦的主攻方向。

1828年,17岁的伽罗瓦遇到了一位极为杰出的数学教师理查德。在理查德的精心指导下,伽罗瓦非凡的数学才能被充分挖掘,并开始取得了具有划时代意义的成果,彻底解决了代数方程有根式解的条件问题。伽罗瓦为此欣喜若狂,他立即把自己的发现写成论文,寄给法兰西科学院审查。

1828年6月1日,法兰西科学院举行例会,审查伽罗瓦的论文。主持这次审查的是当时法国数学泰斗奥古斯汀·柯西(Augustin Cauchy,1789—1857)。会议只举行了几分钟,原因是当柯西打开公文包时发现那位中学生的论文竟然找不到了。

1830年1月伽罗瓦又把自己精心修改过的论文送交法兰西科学院,这次科学院决定让老资格的院士让·傅里叶(Jean Fourier,1768—1830)审查。遗憾的是,还没有等到举行例会,年事已高的傅里叶就不幸谢世。人们既不知道傅里叶的审查意见,也未在他的遗物中找到伽罗瓦的论文。

两次的"下落不明",并没有使伽罗瓦失去信心。1831年,他又向法兰西科学院第3次送交自己的论文。这次负责主审的是著名的数学家西莫恩·泊松(Simeon Poisson,1781—1840)。泊松为此花了4个月时间,但始终没能看懂,最后叹息地在论文上签上了"完全不可理解"几个字。就这样,一篇闪烁着智慧光辉的文章被打入了冷宫。

此时的伽罗瓦正卷入法国资产阶级革命浪潮。1831年5月他被捕入狱,罪名是企图暗杀国王,后因证据不足而被释放。同年7月14日,他再次被捕,直到次年4月29日才恢复自由。但反动派仍不甘心,他们设下圈套,挑拨伽罗瓦与一个反动军官为所谓的爱情纠葛去决斗。1832年5月30日晨,在法国葛拉塞尔湖畔的草地上,一颗无情的子弹穿入了伽罗瓦的腹部。24小时之后,这位不满21岁的天才数学家,令人惋惜地离开了人间。

决斗前夕,伽罗瓦曾仓促地将平生研究心得和论文手稿寄给好友舍瓦利叶。附信中说:"关于方程论,我研究了方程用根式可解的条件,这使我得以发展这个理论,并描述对一个方程所能做的一切变换,即使这个方程是不能用根式解出的。所有这些内容都可以在我论文手稿中找到。""请你公开要求雅可比或者高斯,不是就这些定理的真实性,而是对于其重要性表示意见。在这以后,我希望有一些人将会发现,整理这堆东西对他们会是有益的。"但是论文手稿并没有转到两位数学大师手里,只是根据伽罗瓦的遗愿,舍瓦利叶把这封信发表在《百科评论》上。

1846年,法国数学家约瑟夫·刘维尔(Joseph Liouville, 1809—1882)在整理各种遗稿时,惊异地发现了这篇论文,他把它发表在自己创办的数学杂志上。这使得淹没了18年之久的智慧之花,终于得以发放光辉。

伽罗瓦的成就,开辟了代数学的一个崭新领域——群论。这是一个具有极强生命力的数学分支。什么叫"群"?"群"是一个有精确定义的概念。下面,我们通过对3个文字置换的介绍,向初学者展示"群"的概念。

假设 α, β, γ 是数字1、2、3的一种排列,那么用 x_α 代 x_1,x_β 代 x_2,x_γ 代 x_3,这样的运算就叫作对3个数字 x_1, x_2, x_3 施行一个置换,记为

$$\begin{pmatrix} x_1 & x_2 & x_3 \\ x_\alpha & x_\beta & x_\gamma \end{pmatrix}$$

其中各列的顺序没有关系。例如,上面的置换也可以写成

$$\begin{pmatrix} x_2 & x_3 & x_1 \\ x_\beta & x_\gamma & x_\alpha \end{pmatrix} \quad 或 \quad \begin{pmatrix} x_3 & x_2 & x_1 \\ x_\gamma & x_\beta & x_\alpha \end{pmatrix}$$

实际摆一摆就知道,3个数字的置换只有6种:

$$I = \begin{pmatrix} x_1 & x_2 & x_3 \\ x_1 & x_2 & x_3 \end{pmatrix}; \quad a = \begin{pmatrix} x_1 & x_2 & x_3 \\ x_2 & x_3 & x_1 \end{pmatrix}; \quad b = \begin{pmatrix} x_1 & x_2 & x_3 \\ x_3 & x_1 & x_2 \end{pmatrix};$$

$$c = \begin{pmatrix} x_1 & x_2 & x_3 \\ x_1 & x_3 & x_2 \end{pmatrix}; \quad d = \begin{pmatrix} x_1 & x_2 & x_3 \\ x_3 & x_2 & x_1 \end{pmatrix}; \quad e = \begin{pmatrix} x_1 & x_2 & x_3 \\ x_2 & x_1 & x_3 \end{pmatrix}$$

每种置换都称为"元素"。文字不变的置换,称为单位元素,这就是上面的 I。连续施行两次置换,称为"积",记作"·",如:

$$a \cdot c = \begin{pmatrix} x_1 & x_2 & x_3 \\ x_2 & x_3 & x_1 \end{pmatrix} \cdot \begin{pmatrix} x_1 & x_2 & x_3 \\ x_1 & x_3 & x_2 \end{pmatrix}$$

$$= \begin{pmatrix} x_1 & x_2 & x_3 \\ x_3 & x_2 & x_1 \end{pmatrix} = d$$

两个积为 I 的元素,称为互逆元素。例如,我们容易知道,$a \cdot b = I$,于是 b 就是 a 的(右)逆元素,可记作 $b = a^{-1}$。

很明显,3 个数字的置换有以下性质。

(1) 任何两个元素的积仍然是一个元素。事实上可以列表如下(表 8.1)。

表 8.1 任意两个元素的积

·	I	a	b	c	d	e
I	I	a	b	c	d	e
a	a	b	I	d	e	c
b	b	I	a	e	c	d
c	c	e	d	I	b	a
d	d	c	e	a	I	b
e	e	b	c	b	a	I

(2) 元素之积满足结合律,如:
$$a \cdot (b \cdot c) = (a \cdot b) \cdot c$$

(3) 存在单位元素 I。

(4) 对任何元素存在逆元素。事实上:
$$a^{-1} = b, \quad b^{-1} = a, \quad c^{-1} = c, \quad d^{-1} = d, \quad e^{-1} = e$$

满足上面4个条件的元素集合，就叫作对于规定的"积"构成群。伽罗瓦正是通过引入群的概念，发现了每个代数方程一定有反映它特征的置换群存在，并用极为精巧的方法找到了这个群。伽罗瓦的理论我们在此无法讲得更多，因为即使在200年后的今天，它对于大多数人来说依然是十分深奥的。

九、发现解析法的最初线索

科学上一道鸿沟的填平,有时需要几个世纪的时间和几代人的努力,有时却在一念之间。

3 世纪的古希腊,代数学的成就可以说是相当的辉煌,但生活在那个时代的丢番图,最终也没能彻底跨越具体与抽象之间的鸿沟,建立起一个完整的代数符号系统。那时丢番图所使用的记号是有趣而奇特的。欣赏这种 1700 年前记号的使用,无疑是一种享受。

大家知道,$\alpha,\beta,\gamma,\delta,\varepsilon$ 是希腊文字的前几个字母。那时的希腊在字母顶上加一横,用来代表数,这个数相当于该字母在字母表中的排序。如 $\bar{\alpha}$ 可代表 1,$\bar{\beta}$ 代表 2,$\bar{\gamma}$ 代表 3,$\bar{\varepsilon}$ 代表 5,如此等等。丢番图关于未知数和它们的幂的记号是颇为复杂的:

ζ 表示未知数，相当于我们今天常用的 x，简记为 $\zeta \to x$，其余记号及现今相应的写法如下所示：

$$\Delta^Y \to x^2;$$
$$K^Y \to x^3;$$
$$\Delta^Y\Delta \to x^4;$$
$$\Delta K^Y \to x^5;$$
$$K^Y K \to x^6;$$
$$\vdots$$

其中 Δ 和 K 是"幂"和"立方"相应的希腊文单词的第一个字母。丢番图用"↑"做分隔号，把所有的正项都写在分隔号"↑"的前面，而负项写在分隔号"↑"之后；$\mathring M$ 表示常数项；一个项的系数一般写于该项之后。因此丢番图书中的以下一行记号：

$$K^Y K \bar\alpha \Delta^Y \bar\alpha \uparrow \Delta^Y \Delta\ \bar\varepsilon \bar\gamma \mathring M \bar\beta$$

即表示代数式

$$x^6 + x^2 - 5x^4 - 3x - 2$$

大概由于上面记号的局限性，使得丢番图的成就在中世纪的欧洲，没有能够有效地继承和发展下去。

在"五、架设通向已知的金桥"中我们还看到，为了跨越具体与抽象之间的鸿沟，人类曾经怎样努力了几个世纪。而这节我们将要讲述几何与代数结合的传奇。在那时，一个历史鸿沟的填平，竟然在一梦之间。

九、发现解析法的最初线索

17世纪以前,几何与代数这两个数学分支采用的是迥然不同的方法。不少人把代数里研究的"数",与几何里研究的"形",看成是完全不同的两回事。1619年,一位才智超群的青年军官,对如何把代数应用到几何上去的问题发生了兴趣。当时部队驻扎在多瑙河旁的小镇,蓝色的天空,绿色的原野,流星在夜空中划过,骏马在大地上奔驰。这一切都引起了这位酷爱数学的青年人的联想:陨落的流星,驰骋的骏马,它们运动的轨迹应该怎样去描述?1619年11月10日晚,青年军官躺在床上久久不能入睡。突然,天花板上的一只小虫进入他的视野,小虫缓慢而笨拙地走着它那自以为是的弯弯路。一时间他思绪叠涌:虫与点,形与数,快与慢,动与静。他似乎感到自己已经悟出了其间的奥秘,但又似乎感到茫然而不可思议!他昏然了,终于深深地进入了梦乡。

俗话说得好:日有所思,夜有所梦。的确,有时白天百思不解的问题,夜晚的梦却能给人启迪。那天晚上,一个伟大的灵感在睡梦中产生了。此后几天,这位年轻军官的思绪完全被自己的发现所占据。他找到了一种方法,这种方法可以把几何语言"翻译"成代数语言,从而可以把任何几何问题归结为代数问题加以求解。这就是我们今天常说的解析几何方法,或简称解析法。创造这一方法的年轻军官,就是后来成名的法国大数学家笛卡儿(Descartes,1596—1650)。

笛卡儿究竟用什么方法把几何语言"翻译"成代数语言呢?现在大家可能已经很熟悉,那就是,在平面上取两条互相垂直的直线为坐标轴,水平的叫横轴,垂直的叫纵轴。它们的交点 O 叫坐标原点。于是,平面上任一点 P 的位置,都可以用它跟坐标轴的有向距离来决定。P 点到纵轴的有向距离称横坐标,常用 x 来表示;P 点到横轴的有向距离叫纵坐标,常用 y 来表示(图 9.1)。此后,便可列出以下几何语言与代数语言的"对译表"(表 9.1)。

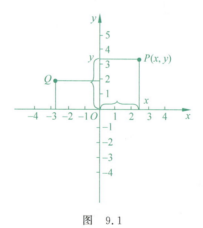

图　9.1

九、发现解析法的最初线索

表 9.1 对译表

几 何 学	代 数 学
1. 点 p。 2. 已知两点 p_1、p_2 可以连成直线 l。 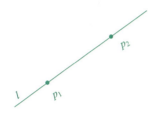	1. 坐标 $p(x、y)$。 2. 已知两点 $p_1(x_1,y_1)$，$p_2(x_2、y_2)$ 可以得到一个二元一次方程 $$Ax+By+C=0$$ 使 $Ax_1+By_1+C=0$ $Ax_2+By_2+C=0$ 事实上，可令 $$A=y_1-y_2$$ $$B=x_2-x_1$$ $$C=x_1y_2-x_2y_1$$
3. 线段可向两方向任意延长。 4. 线段 p_1p_2 的长为 r。	3. 上述方程 $x\in\mathbf{R}$，$y\in\mathbf{R}$。$\mathbf{R}$ 为实数集。 4. 令 $p_1(x_1,y_1)$，$p_2(x_2,y_2)$，则 $\lvert p_1p_2\rvert=r$ $\quad=\sqrt{(x_2-x_1)^2+(y_2-y_1)^2}$
5. 以 p 为圆心，以 r 为半径可以作圆。 	5. 如图 9.2 所示，已知 p 点坐标为 (a,b) 及常数 r，可得与 p 点距离为 r 的点要满足的方程 $$(x-a)^2+(y-b)^2=r^2$$ 或展开整理为 $$x^2+y^2+Dx+Ey+F=0$$ 式中：$D=-2a$ $E=-2b$ $F=a^2+b^2-r^2$ ……

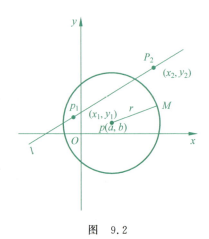

图 9.2

这张对译表,无疑可以无限制地编制下去。依靠这样的表,笛卡儿可以把任何几何问题转为代数问题,从而使用代数技巧,化难为易地解决几何问题。在"十、解开几何三大作图问题之谜"中我们将会看到,困惑人类近 2000 年的几何学三大作图问题,是怎样借助笛卡儿坐标法,被最终证明为不可能的。

1596 年,笛卡儿出生于法国小城拉哈的一个名门望族。他早年受过极好的教育,1616 年毕业于普瓦界大学,开始在巴黎当律师,第二年参加了奥伦治公爵的队伍,担任一名文官。有一次,部队进驻荷兰南部的布勒达城时,一个偶然的机会,笛卡儿成功地解决了一个征答中的数学难题,从此与数学结下了不解

勒内·笛卡儿

九、发现解析法的最初线索

之缘。1619年之后,笛卡儿开始致力于解析几何、哲学和物理学的研究,声望日高。

1649年10月,笛卡儿接受邀请去为瑞典女王讲授哲学,这位生性怪诞的年轻女王,非要笛卡儿每天清晨5点去为她讲课不可。北欧的隆冬寒风刺骨,酷冷难熬。女王的苛刻要求,超出了这位数学家身体的忍受程度。他不幸染上肺炎,终于一病不起,1650年2月11日,长眠于斯德哥尔摩。

笛卡儿的创造性工作,使整个古典的几何领域,处于代数学的支配之下,从而大大加速了变量数学的成熟。他的主要数学成果,记载于1637年出版的《方法论》一书。

十、解开几何三大作图问题之谜

下面列的是 3 个古老的几何作图问题，其历史可以追溯到相当久远的年代。这些问题看起来非常简单，似乎要做出它们只在举手之间，然而却不知它们让多少数学家绞尽脑汁，花费了多少几何爱好者的青春年华。这 3 个古老而又著名的问题如下。给你一把圆规和一根直尺，经过有限的步骤，你能否：

（1）把一个给定角三等分？【三分角问题】

（2）作一个立方体使它的体积是已知立方体体积的两倍？【倍立方问题】

（3）作一个正方形使它的面积等于已知圆的面积？【圆化方问题】

历史的鸿篇，被艰难地翻动了一页又一页，人类终于揭开了

十、解开几何三大作图问题之谜

这些古老问题的谜底!这就是,要想用圆规和直尺解决以上 3 个作图问题,是根本不可能的。

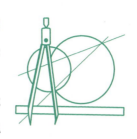

读者朋友们,对于上面的结论,你们当中也许还有人抱有怀疑,你本人也许正想尝试一番。不过,我要诚恳地告诉你,这是徒劳的,幸运女神绝不会因此而降临人间。它只会白白浪费你的宝贵时间和聪明才智。建议你耐心地往下读,它对解开你心头的疑问,将是非常有益的。

先讲三分角问题。

的确,用圆规和直尺平分一个角是很容易的事(图 10.1)。我们也没有说所有的角都不能三等分。实际上常见的直角就能够三等分!不过,要是我们能够指出有一个角不能用圆规和直尺三等分的话,那么大家应该相信一个真理,即三等分角的一般性方法是不存在的。

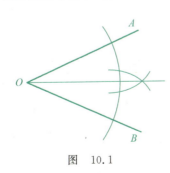

图 10.1

问题的关键在于圆规和直尺究竟有多大的能耐?学习过几何的人都知道,如果我们设定一个单位长 1,那么长为 a、b 的两条线段,经有限次的四则运算和开平方,用圆规和直尺都是可以做出的。看一看图 10.2,无须多说，大家便会明白这一点。

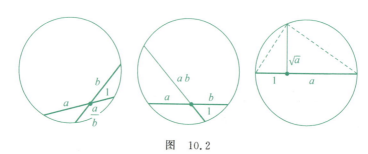

图 10.2

在"九、发现解析法的最初线索"中我们说过，笛卡儿坐标的建立，使几何问题转化为代数问题成为可能。实际上，在坐标平面上，直线和圆分别表示为方程 $Ax+By+C=0$ 和方程 $x^2+y^2+Dx+Ey+F=0$。如果某线段能够用圆规和直尺做出来，那么这条线段的两端势必是直线与直线，或直线与圆，或圆与圆的交点。也就是说，它的坐标应由下面的方程组来确定：

$$\begin{cases} A_1x+B_1y+C_1=0 \\ A_2x+B_2y+C_2=0 \end{cases} \quad \text{（直线交直线）}$$

$$\begin{cases} Ax+By+C=0 \\ x^2+y^2+Dx+Ey+F=0 \end{cases} \quad \text{（直线交圆）}$$

$$\begin{cases} x^2+y^2+D_1x+E_1y+F_1=0 \\ x^2+y^2+D_2x+E_2y+F_2=0 \end{cases} \quad \text{（圆交圆）}$$

代数知识告诉我们，上面方程组的解，都可以由系数经过有限次的加减乘除和开平方求得。如果我们把 $\sqrt{a+b\sqrt{c}}$ 或

$\sqrt{d\sqrt{e}+f\sqrt{g}}$ 这类经过两层开平方手续得到的式子叫作二层根式的话（数字都是有理数），那么三层根式、四层根式乃至于多层根式的意义，大约可以不说自明。

借助于代数的神力，圆规和直尺的作图问题显得更加明化了。即凡能用圆规和直尺作图的问题，必须是已知线段的有限层根式；反过来，如果一条线段能表示为已知线段的有限层根式，那么它一定能够通过圆规和直尺做出。

现在回到角 A 三等分的问题，关键在于如何把这个问题化为代数问题。这之后，看看结果能不能表示为已知量的有限层根式。如果能，角 A 就能三等分，如果不能，角 A 就不能三等分。

为了把三分角问题化为代数问题，我们要用到一个三角公式

$$\cos A = 4\cos^3 \frac{A}{3} - 3\cos \frac{A}{3}$$

现在令 $\cos A = a$，又令 $\cos \frac{A}{3} = x$，代入上式有

$$a = 4x^3 - 3x$$

由于角 A 是已知的，所以 a 为定数，例如：

(1) $A = 90°, a = \cos 90° = 0$，所求方程为

$$4x^3 - 3x = 0$$

解得正根

$$x = \frac{\sqrt{3}}{2}$$

这是一层根式,因此直角是能够用圆规和直尺三等分的。

(2) $A=45°, a=\cos 45°=\dfrac{\sqrt{2}}{2}$,所求方程为

$$8x^3-6x-\sqrt{2}=0$$

可以验证,这个方程有一个正根

$$x=\dfrac{1}{4}(\sqrt{6}+\sqrt{2})$$

这也是一层根式,因此 45°角也是能够用圆规和直尺三等分的。

(3) $A=60°, a=\cos 60°=\dfrac{1}{2}$,所求方程为

$$8x^3-6x-1=0$$

下面我们来证明,这个方程的根不可能是一层根式 $M+\sqrt{N}$。类似地,我们也可以证明这一方程的根不可能是二层根式,三层根式,$\cdots$,k 层根式。如果我们完成了上述一系列证明,那么就意味着我们不可能用圆规和直尺三等分 60°角。

事实上,如果上面的方程有根 $M+\sqrt{N}$,那么代入方程得

$$8(M+\sqrt{N})^3-6(M+\sqrt{N})-1=0$$

展开后整理并比较,有

$$\begin{cases}8M^3+24MN-6M-1=0\\24M^2+8N-6=0\end{cases}$$

这表明 $M-\sqrt{N}$ 也应当是上面方程的根。这样,上面方程左端一定可以分解出以下因式

$$(x-M-\sqrt{N})(x-M+\sqrt{N})$$
$$=x^2-2Mx+(M^2-N)$$

式中系数都是有理数,这很明显是不可能的。从而证明了用圆规和直尺三等分 60°角是办不到的。

上面的证明尽管十分粗糙,但我想读者们一定已经确信,用圆规和直尺三等分任意角的一般方法是不存在的。这并非是智慧的贫乏,而是科学的精华。

现在说说倍立方问题。这个问题始于一个有趣的神话。传说公元前 5 世纪古希腊的雅典,流行着一场瘟疫。人们为了消除这场灾难向神祈祷。神说:"要使病疫不流行,除非把神殿前的立方体香案的体积扩大一倍。"开始人们以为十分容易,只需把香案的各棱放大一倍就行。不料神灵大怒,疫势越发不可收拾。人们只好再次向神灵顶礼膜拜,才知道新香案的体积不等于原香案体积的两倍。这个传说的结局如何?今天已无从推知,但这个古老的问题却从此流传了下来。

倍立方问题不能用圆规和直尺做出的道理，要比三分角问题简单得多。事实上设原香案棱长为 a，新香案棱长为 x，则它们之间有如下关系

$$x^3 = a^3 + a^3$$

从而
$$x = \sqrt[3]{2}\, a$$

而 $\sqrt[3]{2}$ 明显不可能化为有限层根式，因而是不能用圆规和直尺做出的。

最后再看圆化方问题（图 10.3）。假设已知圆半径为 r，所求正方形边长为 x，于是

$$x^2 = \pi r^2$$

从而
$$x = \sqrt{\pi}\, r$$

图　10.3

$\sqrt{\pi}$ 看样子有点像一层根式，其实不是，因为 π 本身不是有理数。那么，π 能不能用圆规和直尺作出呢？这是一个很难的问题，它比三分角问题还要难得多，我们这里不可能仔细讲它，只是告诉大家，大约在 1882 年，德国数学家 C. L. F. 林德曼

(C. L. F. Lindmann,1852—1939)发现并证明了 π 是一个"超越数",也就是不可能由某个有理系数的方程算出的数。这就表明 π 更不可能是某层根式。从而,圆化方问题同样无法用圆规和直尺做出。

　　古代几何三大作图问题的谜,到这里已经完全解开了。读者朋友们,读完这一节,你们是否感受到科学的巨大威力呢?我想答案是肯定的。

十一、走出圆规和直尺管辖的国度

前面我们讲到,用圆规和直尺是无法解决古代三大作图问题的。那么,要是走出圆规和直尺管辖的国度,情况又将如何呢?这一节大家将会惊奇地发现,在圆规和直尺王国的边界之外,冰山将会消融,道路将会畅通,疑难都将冰释。

还是从三等分角讲起吧!

大家还记得叙拉古城的那个阿基米德吗?他是本书"一、王冠疑案的始末"中的主人公。当年为了保卫国土,他奉献了自己的全部知识。后来叙拉古城终因防守的疏忽而陷落了。传说敌人闯进阿基米德的家时,他还在沙

十一、走出圆规和直尺管辖的国度

盘上考虑一个几何图形。当一个人的影子落在他的图形上时,他喊了起来:"不要动我的圆!"他对这种打断他思考的行为表示了愤怒。就在这时,一个罗马士兵的剑刺进了这位伟大学者的心脏。

的确,阿基米德在几何学上的造诣是很深的。从他的著作里我们可以看到这位学者对三等分角问题的研究。下面是取自阿基米德书中的一道题。

【问题】如图 11.1 所示,$\angle AOB$ 为已知角,以 O 为圆心,OA 为半径,作一个半圆。在半圆直径 BC 的延长线上取一点 D,使 AD 交半圆于 E 点,且 $DE=OE$。那么,$\angle D = \dfrac{1}{3} \angle AOB$。

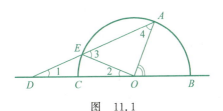

图 11.1

事实上,由 $DE=OE=OA \Rightarrow \begin{cases} \angle 1 = \angle 2 \\ \angle 3 = \angle 4 \end{cases}$

因为 $\angle 3 = \angle 1 + \angle 2 = 2\angle 1$

所以 $\angle AOB = \angle 4 + \angle 1 = \angle 3 + \angle 1 = 2\angle 1 + \angle 1 = 3\angle 1$

即证 $\angle D = \frac{1}{3} \angle AOB$。

由图 11.1 的启示，我们联想到，如果给定的直尺上有两个固定点 D、E，那么我们就能用它和圆规来三等分一个角。实际上，我们只要让半圆的半径等于 DE 的长度就可以了。一方面保持直尺过 A 点，另一方面使 D、E 分别落在直径 BC 的延长线和半圆周上，那么 $\angle D$ 就是所要求的三分角。

利用上面的原理，有人制造了如图 11.2 式样的器械，叫作"三分角器"。至于它的使用方法，我想读者细心看看图，是不难弄清楚的。

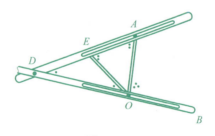

图 11.2

还有人在有机玻璃上刻上图 11.3(a) 所示的图形，并如图 11.3(b) 所示那样，用它去三等分任意角 $\angle MPN$。它的用法和原理，读者同样可以看图自明。

如果把"用圆规和直尺经过有限步骤作图"中的"有限"二字去掉，那么只用圆规和直尺，我们也能够三等分一个角。具体方

十一、走出圆规和直尺管辖的国度

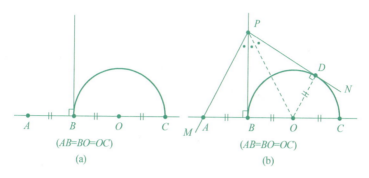

图 11.3

法如图 11.4 所示：先作已知角 $\angle AOB$ 的平分线 OC_1 及 $\angle AOC_1$ 的平分线 OD_1；再作 $\angle C_1OD_1$ 的平分线 OC_2 及 $\angle C_2OD_1$ 的平分线 OD_2；又作 $\angle C_2OD_2$ 的平分线 OC_3 及 $\angle C_3OD_2$ 的平分线 OD_3，如此反复，以至无穷。得到一系列逆时针方向转动的射线 $OC_1, OC_2, OC_3, \cdots$，以及一系列顺时针方向转动的射线 $OD_1, OD_2, OD_3, \cdots$。它们都越来越接近于某条射线 OK，那么，可以证明 OK 就是 $\angle AOB$ 的一条三等分线。

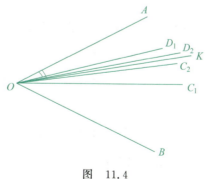

图 11.4

071

事实上,由作法知

$$\angle AOD_1 = \frac{1}{4}\angle AOB$$

$$\angle D_1OD_2 = \frac{1}{4}\angle AOD_1 = \left(\frac{1}{4}\right)^2 \angle AOB$$

$$\angle D_2OD_3 = \frac{1}{4}\angle D_1OD_2 = \left(\frac{1}{4}\right)^2 \angle AOB$$

$$\vdots$$

而 $\angle AOK = \angle AOD_1 + \angle D_1OD_2 + \angle D_2OD_3 + \cdots$

$$= \left[\frac{1}{4} + \left(\frac{1}{4}\right)^2 + \left(\frac{1}{4}\right)^3 + \cdots\right]\angle AOB$$

$$= \frac{\frac{1}{4}}{1-\frac{1}{4}}\angle AOB = \frac{1}{3}\angle AOB$$

以上种种,我们看到,取消作图工具的限制以后,三等分一个角不仅是可能的,而且方法还很多。

下面再看倍立方问题。

据说古希腊的柏拉图(Platon,公元前 427—前 347)曾提出以下的方法:作两条互相垂直的直线 a、b,从它们的交点 O 起在 a 上截取 $OC=1$,又在 b 上截取 $OD=2$。现在用两根角尺,如图 11.5 所示,相对叠合起来,并使它们的直角顶 A 和 B 分别落在直线 a 和 b 上,而两条直角边分别通过 D 点和 C 点。则线段 $OB=x$,就是所求的倍立方体棱长 $\sqrt[3]{2}$。利用相似三角形很容易证明这一点。

受柏拉图作法的启示,人们还想出了以下巧妙的办法:在笛卡儿坐标平面上,令抛物线 $y=x^2$ 和抛物线 $y^2=2x$ 相交于 A 点,则 A 点的横坐标即为所要求的 $\sqrt[3]{2}$,如图 11.6 所示。

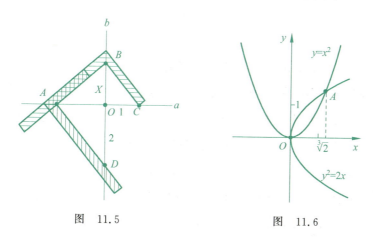

图 11.5　　　　　　图 11.6

化圆为方问题可以说是最困难的了,然而人类并没有因此束手无策,跳出了圆规和直尺的作图圈子之后,古代几何学家梁拉多达维奇用一种令人拍案叫绝的办法,巧妙地把问题解决了。如图 11.7 所示,先作一个直圆柱,用已知圆做它的底面,以已知圆半径的一半做它的高,然后把这个圆柱侧放在平面上滚一周,得到一个长方形。很明显,这个长方形面积就等于已知圆面积。最后再把长方形变换成等面积的正方形,这已经不是很困难的事了。

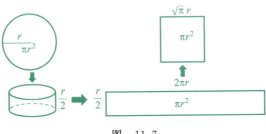

图 11.7

可能有的读者会问，既然不用圆规和直尺就可以作图，那么为什么当初一定要加上圆规和直尺的限制呢？这个问题提得好！实际上，最初的几何作图限制用圆规和直尺，是因为这两者最为简单。而如今继续强调这种限制，则是基于如下的思想：即作图使用的工具越少，人们需要动的脑筋就越多，从而就越能锻炼我们精细的逻辑思维和丰富的想象力，这恰恰是我们学习几何的最主要目的。法国数学大师拉普拉斯（Laplace，1749—1827）说过"几何如强弓"。他的这句话，对人类的智慧和思维的培养来说，是很恰当的。

十二、揭开虚数的神秘面纱

历史表明,人类接受一种新数的过程是漫长而坎坷的。

在欧洲,负数的概念迟至 12 世纪末,才由意大利数学家莱昂纳多·斐波那契(Leonardo Fibonacci,约 1170—约 1250)做出正确的解释。但直到 18 世纪,欧洲仍有一些学者认为负数是"荒唐、无稽的"。他们振振有词地说,零是"什么也没有",那么负数,即小于零的数是什么东西呢?难道会有什么东西比"什么也没有"还要小吗?!

无理数的出现,可以追溯到相当久远的年代。大约公元前 5 世纪,毕达哥拉斯学派的门人希帕斯发现,等腰直角三角形的斜边与直角边的比不可能表示为既约

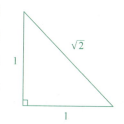

分数(即几何上的"不可公度")。

希帕斯的思路说来也简单,他采用了"反证法",即先假设$\sqrt{2}$能表示为既约分数$\frac{p}{q}$(即p,q没有公因子),然后设法推出矛盾。过程如下:

令 $\sqrt{2}=\frac{p}{q}\left(\frac{p}{q}\text{为既约分数}\right)$

则 $p=\sqrt{2}q$, $p^2=2q^2$

显然,p必须是偶数,否则左式绝不等于右式。现令$p=2p'$(p'为整数),代入得

$$(2p')^2=2q^2$$
$$4p'^2=2q^2$$
$$2p'^2=q^2$$

这意味着q也必须是偶数,否则右式绝不等于左式。这样,p与q便至少有一个2的公因子,它与$\frac{p}{q}$为既约分数的假设矛盾。为什么会出现矛盾呢?原因只能是一个,那就是最初关于$\sqrt{2}$可以表示为既约分数的假设是不对的。

希帕斯的证明引起了毕达哥拉斯学派的恐慌,因为这个学派

抱定"两条线段一定可以公度"的教义,他们宁可拒绝真理,也不愿放弃错误的信条,他们容不得希帕斯这样的"异端邪说"。可怜的希帕斯终于被毕达哥拉斯学派的忠实门徒,抛进大海喂了鲨鱼。

人类认识无理数的过程,要比想象的更加漫长和曲折。从希帕斯起至基础理论基本完成止,整整经历了 20 多个世纪。从"无理数"这 3 个字的含义,就足以表明人类接受这一概念的艰辛。

正当人们依旧困惑于负数和无理数的时候,又一种披着极为神秘面纱的新数,闯进了数学领地。

1484 年,法国数学家 N. 许凯(N. Chuquet,1445—1500)在一本书中,把方程 $4+x^2=3x$ 的根写为

$$x = \frac{3}{2} \pm \sqrt{2\frac{1}{4} - 4}$$

尽管他一再声明这根是不可能的,但毕竟是第一次形式上出现了负数的平方根。这种情形对于今天的初中学生,依然是一个望而生畏的禁区。1545 年,意大利数学家卡尔达诺在讨论是否有可能将 10 分为两个部分,而使两者之积等于 40 时,他指出,尽管这个问题没有实数解,然而,假如把答案写成 $5+\sqrt{-15}$ 和 $5-\sqrt{-15}$ 这样两个令人诧异的表达式,就能满足题目的要求。他验证说:

$$(5+\sqrt{-15})+(5-\sqrt{-15})=5+5=10$$
$$(5+\sqrt{-15})\times(5-\sqrt{-15})=5^2-(\sqrt{-15})^2$$
$$=25-(-15)=40$$

虽然卡尔达诺本人怀疑这一运算的合理性,但他终究是第一个认真对待数学领地这一不速之客的勇士。

卡尔达诺之后,数学家们接触这种"虚幻"的数越来越多。大约100年之后,1637年,笛卡儿在他的《几何学》一书中,给负数的平方根起了一个"虚数"的名。又大约过了140年,大数学家欧拉开始用 i(imaginary 虚幻)表示 $\sqrt{-1}$。1801年,高斯系统地使用了符号 i,并把它与实数的混合物 $a+bi$(a、b 为实数)称为复数。此后 i 与复数便渐渐通行于全世界。

起初虚数总给人以一种虚无缥缈的神秘感,因为在数轴上找不到它的位置。富有想象力的英国牛津大学教授约翰·沃利斯(John Wallis),给虚数找到了一个绝妙的解释:假定某人欠地10亩,即他有-10亩地,而这-10亩地又恰好是个正方形,那么它的边长不就是 $\sqrt{-10}=\sqrt{10}\,i$ 了吗?

大胆揭开虚数神秘面纱的,是挪威测量学家韦塞尔(Wessel,1745—1818),他找到了复数的几何表示法。

按韦塞尔的解析,一个复数如 $4+3i$,可以如图12.1那样表示出来,其中4是水平方向的坐标,3是垂直方向的坐标。实数对应于横轴上的点,纯虚数对应于纵轴上的点。

十二、揭开虚数的神秘面纱

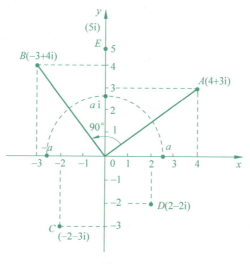

图 12.1

一个位于横轴上的实数 a，当它乘以 i 时变成位于纵轴上的纯虚数 ai。在几何上这相当于绕原点沿逆时针方向旋转 90°。如果把 ai 再乘 i，即又沿逆时针方向转 90°，此时理应转回到横轴负向，这一点在下式中表示得更为明显：

$$(a\text{i}) \times \text{i} = a \times \text{i}^2 = a \times (-1) = -a$$

有趣的是，一个数乘 i，相当于绕原点沿逆时针方向转 90°，这一规律，适用于所有的复数。像图 12.1 中那样

$$(4+3\text{i}) \times \text{i} = 4\text{i} + 3\text{i}^2 = -3+4\text{i}$$

由于 A、B 分别对应于复数 $4+3\text{i}$ 和 $-3+4\text{i}$，从而 $\angle AOB = 90°$。

下面是一则扣人心弦的荒岛寻宝的故事，读完之后读者将

会看到,一旦复数在几何上有了立足点,它将是多么有用。

从前,有个年轻人在曾祖父的遗物中偶然发现一张羊皮纸,纸上指明了一座宝藏,羊皮纸内容是这样的:

> 乘船到北纬××,西经××,即可找到一座荒岛。岛的北岸有一大片草地。草地上有一棵橡树和一棵松树,还有一座绞架,那是我们过去用来吊死叛变者的。从绞架走到橡树,并记住走了多少步;到了橡树,面向绞架方向右拐个直角再走同样步数,在这里打个桩。然后回到绞架那里,再朝松树走去,同时记住所走的步数;到了松树,面向绞架方向左拐个直角再走这么多步,在那里也打个桩,在两个桩的正中挖掘,就可以得到宝藏。

十二、揭开虚数的神秘面纱

年轻人欣喜万分，决心冒险一试，于是急忙租了一条船，载着满腔的希望驶到了荒岛。上岛之后我们年轻的冒险家立时陷入绝望之中。他虽然找到了橡树和松树，但绞架却不见了！长时间的雨淋日晒，绞架已经腐烂成土，一切痕迹都已不复存在。年轻人气恼地在岛上狂掘一阵，然而一切均属徒劳，终于两手空空，扫兴而归。

这是一个令人伤心的故事。因为，如果这个年轻人懂得一点数学，特别是虚数的话，他本来是有可能找到宝藏的！下面我们来帮帮这个可怜的年轻人，尽管此时此刻对于他已经为时太晚。

如图 12.2 所示，把荒岛看成一个复数平面，以两棵树所在的直线为实轴。过两树中点 O，作与实轴垂直的直线 OY 为虚轴，而且以两树 M、N 之间距离的一半为长度单位。这样橡树 M 和松树 N 则分别位于实轴的 $+1$ 与 -1 点。假设未知的绞架

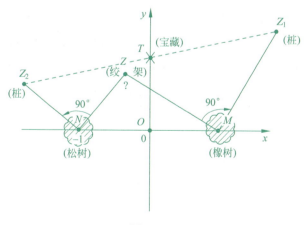

图　12.2

位置在 Z 点处，相应的复数为

$$Z = a + bi$$

既然绞架在 Z 点，松树 N 在 -1 点，则两者相对的方位便是 $Z-(-1)=Z+1$。把这个数乘以 i，就得到桩 Z_2 的复数

$$Z_2 = (Z+1) \times i + (-1) = Zi + i - 1$$

同理可得桩 Z_1 的复数（右拐 90°相当于乘以 $-i$）：

$$Z_1 = (Z-1) \times (-i) + 1 = -Zi + i + 1$$

宝藏在两根桩的正中，因此它所在位置的复数 T 为

$$T = \frac{1}{2}(Z_1 + Z_2)$$

$$= \frac{1}{2}[(Zi+i-1)+(-Zi+i+1)] = i$$

这就是说，不管绞架位于何处，宝藏总在虚轴上相应于复数 i 的那一点。读者若不信，可以自己拿张纸，变换几个绞架的位置，试试看会有什么结果。

荒岛寻宝的故事已经结束，尽管故事中的情节可能是虚构的，但沿着 -1 平方根建立起来的复数体系，的确帮助人们在数学和其他科学领域中，找到一个又一个的宝藏。

十三、神奇的不动点

如果有人告诉你,在任何时刻地球上总可以找到一个点,此时此刻在这一点上没有风!对此你一定感到十分惊讶,然而这却是事实。

缩到小范围可能会更加使你相信这一点。大家知道,台风是热带海洋上的大风暴,它实际上是一团范围很大的旋转空气。我们常听到新闻中台风的消息,说是台风中心附近的风力达到12级。这是指台风中心附近的风速达33米/秒,它相当于一列高速奔驰的火车的速度。更有甚者,如2019年第9号台风"利奇马"(超强台风),其中心附近的最大风速竟达52米/秒。可是,在如此猛烈的台风的中心,在大约10千米直径的范围内,由于外围的空气旋转得太厉害,不易进到里面去,所以那儿的空气

几乎是不旋转的,因而也就没有风。下面是一则真实的报道,这是一位美国的气象学家乘坐台风侦察机,穿入太平洋上的一个台风眼时,对目睹的情况所做的生动描述。它无疑能够加深你对"台风眼"这一奇异景观的了解。

……不久,在飞机的雷达荧光屏上开始看到无雨的台风眼边缘。飞机从倾盆大雨颠簸而过以后,突然我们来到耀眼的阳光和晴朗的蓝天下。在我们的周围展现出一幅壮丽的图画:在台风眼内是一片晴空,直径 60 千米,其周围被一圈云墙环抱。有些地方高大的云墙笔直地向上耸立着,而在另一些地方云墙像大体育场的看台倾斜而上,台风眼上边圆圈有 10~12 千米,似乎缀在蓝天背景上……

看!在那宛如万马奔腾的怒吼的狂风中,果然存在着一个风的不动点。

不动点的现象在自然界、生活中随处可见。日本东京工大田中富教授在《科学之谜》一书中,提到一件有趣的事:老师带着一批学生到一座寺庙去参观,这位老师把头伸到大吊钟里去观察钟的结构,有个学生很淘气,想吓唬这位老师,就使劲用撞

十三、神奇的不动点

钟木去敲击大钟,结果不但没有吓着老师和旁边的女同学,自己反而被震耳的钟声吓了一大跳。为什么会出现这种现象呢?田中富教授画了一张图并解释说,这与在一个碗里倒满水,然后用筷子敲碗边,我们可以看到波纹从碗周围向碗中心移动的现象是一个道理。此时中心部分波纹因互相抵消而消失。图 13.1 中的 A、B、C、D、E 实际上是声波的不动点。相反,敲钟学生站的地方 F,恰是钟振动最大的地方,所以声音自然特别震耳。

下面你可以做一个有趣的游戏。拿来同一个人的大小两张照片,把小照片随手叠放在大

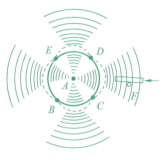

图 13.1

照片之上,然后你向观众宣布:小张照片上一定有一点 O,它和下面大张照片与之正对着的点 O',实际上代表着同一个点。

对此,你的观众一定会半信半疑。不过,当你告诉他如何找到这个不动点时,他们的一切疑虑都会烟消云散。

设大照片为 $A'B'C'D'$,小照片相应为 $ABCD$,延长 AB 交 $A'B'$ 于 P 点,过 A、P、A',及 B、P、B' 分别作圆。则两圆交点 O 即为所求的不动点。事实

上由图 13.2 知：

$$\begin{cases} \angle OAB = \angle OA'B' \\ \angle OBA = \angle OB'A' \end{cases} \to \triangle OAB \backsim \triangle OA'B'$$

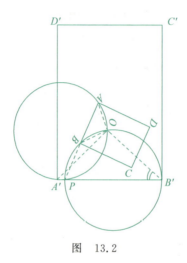

图　13.2

这就说明了 O 点在大小照片中，所处的位置没有变动，即 O 为照片位置变换的不动点。

瞧！不动点现象是多么神奇，多么耐人寻味！

关于不动点系统的研究，始于 20 世纪初，1912 年，荷兰数学家 L. E. J. 布劳威尔（L. E. J. Brouwer，1881—1966）证明：任意一个把 n 维球体变为自身的连续变换，至少有一个不动点。这就是著名的不动点定理。

对于大多数的初中读者，布劳威尔定理中的一些数学术语，无疑需要加以解释。例如，粗浅地说，就是"连续变换"原先距离很小的两点，变换后的距离依然很小。至于"n 维空间"，这是一个抽象的概念。具体地说，直线是一维空间，平面是二维空间，普通空间是三维空间，等等。因而线段是一维球体，平面圆域是二维球体，普通的球是三维球体，等等。

布劳威尔定理的严格证明虽说很深奥，但有关布劳威尔定理的一些实例却是很有趣的。

拿一个平底盘和一张恰好盖住盘底面的纸，纸上的每一个点正好对应着它正下方盘面上的一个点。现在把纸拿起来随便揉成一个小纸团，再把小纸团扔进盘里。那么，根据布劳威尔不动点定理，不管小纸团怎样揉，也不管它落在盘底的什么地方，我们可以肯定，在小纸团上至少有一个点，它恰好位于盘子原先与这一点对应的点的正上方。尽管我们说不准这样的点在哪儿。

以上事实我们可以给予如下说明（图 13.3）：假设小纸团在盘面上的正投影为区域 Ω_1。显然，原纸片上与 Ω_1 相对应的点一定位于 Ω_1 的正上方，假设纸团里的这部分在盘底的正投影为区域 Ω_2，显然 $\Omega_2 < \Omega_1$。同样，原纸片上与 Ω_2 相对

图 13.3

应的点一定位于 Ω_2 的正上方，而纸团里的这部分在盘底的正投影为区域 Ω_3，又有 $\Omega_3 < \Omega_2$，如此等等，可以反复做下去，得到

一连串一个比一个小的区域 $\Omega_1, \Omega_2, \Omega_3, \cdots$，这些区域一个含于另一个之内，形成一层小似一层的包围圈。因此最后必然缩到"一个点"（或"一个小区域"），那么这个点（或小区域上的点）在纸团上的位置，一定恰好在该点的上方。

布劳威尔不动点定理问世后，引起了各国科学家的极大兴趣，他们对此做了大量的工作，取得了许多奇妙的应用。

举一个颇有影响的例子。

1799 年，德国数学大师高斯证明了 n 次代数方程

$$x^n + a_{n-1}x^{n-1} + a_{n-2}x^{n-2} + \cdots + a_1 x + a_0 = 0$$

至少有一个根。这就是著名的代数学基本定理。尽管这个定理的名称，对于 200 多年后的今天似乎不确切，但对于 200 多年前以方程理论为主体的代数学，却没有言过其实。

今天，当我们研究了不动点理论之后，可以把方程 $f(x)=0$ 的求根问题，转化为求函数 $\varphi(x) = f(x) + x$ 的不动点。

由于方程 $f(x)=0$ 的根不可能超越复数平面的某个半径很大的圆域，又函数 $\varphi(x)$ 显然是连续的，因此在这个大圆域运用布劳威尔不动点定理，知道至少存在一个点 x，使得

$$\varphi(x) = x$$

即
$$f(x) + x = x$$

也就是说，方程 $f(x)=0$ 至少有一个根。看！一个在代数学上起着巨大作用的定理，竟如此轻松地证明了。

不过，对于不动点理论，科学家们似乎感到不尽如人意，因

为这个理论只告知不动点的存在，却没说不动点在哪里。这个问题困扰了他们达50年之久，直至20世纪60年代后期，情况才有了转机。

1967年，美国耶鲁大学的斯卡弗教授，在不动点由未知转向已知方面，取得了重大突破。他提出了一种用有限点列逼近不动点的算法，使不动点的应用，取得了一系列卓越的成果。

有趣的是，对不动点理论做出如此巨大贡献的斯卡弗本人，却是一名专攻经济学的学者。数学上的理论，使斯卡弗和他的同行们在经济学领域犹如猛虎添翼，取得了累累硕果。这一事实表明：任何一门学科，当它能够成功地运用数学方法的时候，就有可能出现真正的飞跃。看来，俄罗斯科学之父罗蒙洛索夫所言"数学是自然科学的皇后"，一点也不过分。

十四、库恩教授的盆栽艺术

1974年6月,在美国召开了第一次"不动点算法及其应用"的国际会议。美国、日本和欧洲各国的数十名数学家兴致勃勃地参加了这次会议。会上,美国普林斯顿大学的哈德罗·库恩教授宣读了一篇奇特的论文,引起了与会者的极大轰动。

十四、库恩教授的盆栽艺术

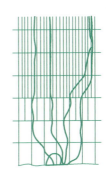

这是一篇什么样的论文呢？原来是一篇研究用不动点算法解代数方程的论文。库恩先生以其非凡的技巧，把与会者领进了一个充满生机的植物王国。但见他编织了一个立体大篱笆，这个大篱笆分成许多层，从下到上一层密似一层。在篱笆的最底层，库恩先生放进了一个特制的"花盆"，然后把要解方程的信息传给花盆。顿时，花盆的四周吐出了几枝新芽，转眼间芽变成藤，飞快地攀上篱笆，先是弯弯曲曲，回回转转，之后便很快地往上长，穿过一层又一层，直到篱笆的最上面，一根藤恰好指着方程的一个根。方程的所有根就这样全部被找出来了。

那么库恩先生是怎样给枯燥的数学赋予"生命"的呢？原来库恩先生根据的就是斯卡弗提出的不动点逼近法。他出色地完成了3项工作：一是建造一个立体大篱笆；二是制造一个会长芽的花盆；三是让"神奇"的植物按信息的要求往上长。

先看一看库恩先生的立体篱笆吧！这是把一系列的复数平面 $C_{-1}, C_0, C_1, C_2, \cdots$，像楼房的楼板那样一层层排好，然后在每个复数平面上按一定规则把平面分割成一个个等腰直角三角形。最下面的一个记作 C_{-1}，其等腰三角形直角边长定为1。C_0 与 C_{-1} 结构相同，只是两个平面上的斜线错开，前者经过原

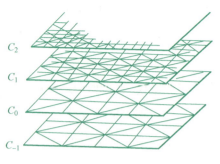

图 14.1

点,后者不经过原点,大致情况如图 14.1 所示。从 C_0 开始,其上的各层平面为 $C_1,C_2,\cdots$,这些平面上都有斜线经过原点。并且每上一层,等腰三角形的直角边长就缩小一半(图 14.2)。现在我们在相邻的两层间用竖的或斜的"钢筋"把层中的空间,像图 14.3 那样分成一个个的小四面体。这样,这些钢筋架设成了越往上线越密的大篱笆。

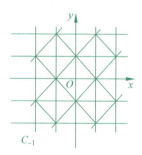 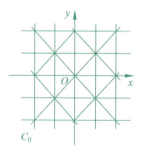

图 14.2

十四、库恩教授的盆栽艺术

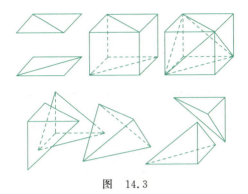

图 14.3

到此为止,库恩先生的第一项工作算是完成了。

现在来看库恩先生的第二项工作,建造花盆。花盆的奥妙在哪儿呢?原来他是把复平面按图 14.4(b)那样分为 3 个 120° 的角形区域。这样,对某个 n 次多项式 $f(x)$,平面上的任一点 z,都可以算出 $w=f(z)$。w 的位置必在 3 个区域之一,如果在角域Ⅰ,就让相应的 z 点标上 1;如果在角域Ⅱ,就让相应的 z 点标上 2;如果是在角域Ⅲ,则让相应的 z 点标上 3(图 14.4(a))。

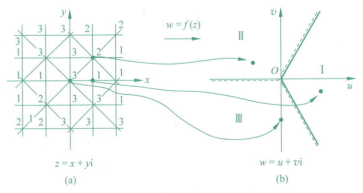

图 14.4

如此这般,我们可以把整个篱笆的每一个结点都标上号。这无疑等于把多项式 $f(x)$ 的信息传递给了整个立体篱笆。真是妙极了!

在做了以上工作之后,库恩教授又证明:在 C_{-1} 平面上以原点为中心,边长大于 $1.04n$ 的正方形周界上,一定存在 n 个这样的点,按逆时针方向,这些点的标号由 1 转向 2,如同图 14.5 中的黑点那样。库恩先生把上面的正方形称为"花盆"。而花盆周边上的 n 个点,便是会长藤的"魔术植物"的芽。库恩教授的证明并不很难,但要花费许多篇幅,这里我们只好从略。

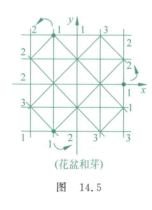

(花盆和芽)

图 14.5

最后我们来看一看库恩先生的神奇植物是怎么生长的。要弄清这一点还得从下面简单的例子讲起。例如,我们需要解方程 $x^3-5=0$,可以采用以下的方法(图 14.6)。令 $f(x)=x^3-5$,易知,$f(1)<0, f(2)>0$,则在 1 与 2 之间必有一根。取中点算得 $f(1.5)<0$,这表明在 1.5 与 2 之间必有根。再取后两者中点算得 $f(1.75)>0$,则判断在 1.5 与 1.75 之间有根。如此等等。根的包围圈越缩越小,最终缩到一点,它就是我们的根 $\sqrt[3]{5}$,有 $f(\sqrt[3]{5})=0$。

十四、库恩教授的盆栽艺术

以上计算实际上也是一种魔术植物的攀藤法。芽从 1 开始，计算一次爬一层。规定：算得某点 a 的相应函数值 $f(a)<0$，芽向右拐，反之向左拐。由于越往上篱笆越密，最后藤生长空间越狭窄，几乎是笔直指向 $\sqrt[3]{5}$ 了。图 14.7 十分直观地表现了这一过程。

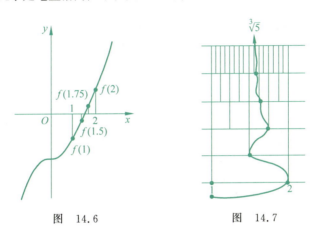

图 14.6　　　　　　　图 14.7

库恩教授的神奇植物的长藤法，用的也是上面例子中的原理。只是对于藤如何在许多小四面体中穿行的规定，要比上面稍为复杂些罢了！

图 14.8 是库恩先生一根魔术藤的立体攀爬的情景。这样一座由一根藤串起来的四面体的塔，是何等的婀娜多姿！

目前，数学家们还根据库恩教授的方法，编制了能在计算机上直观地演示出攀藤求根的计算程序。

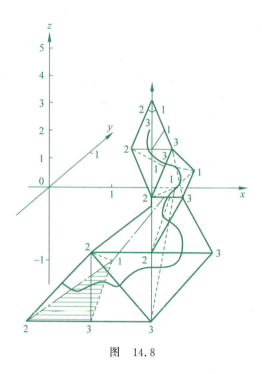

图 14.8

十五、从弹子游戏的奥秘谈起

台球是 16 世纪起源于法国的一种游戏。尽管当今很多人都喜爱这一活动,但还不能说所有的游戏者都能充分认识这种游戏的数学原理。

大家知道,台球的台案是长方形的,长与宽有一定的比例。弹子的运动是按"入射角等于反射角"的规律,经台壁反射而行进的(图 15.1)。

我们所关心的问题是,弹子沿某方向射出,在怎样的情况下会射进台球桌 4 个角落的网洞中?

图 15.2 是利用反射再反射的方法,把弹子实际的运动路线形象地取直。不用多作解释,读者一定会明白,如果弹子没有与台壁碰撞,那么理论上依然会沿直线运动。因此,只有当入射线

未知中的已知
方程的故事

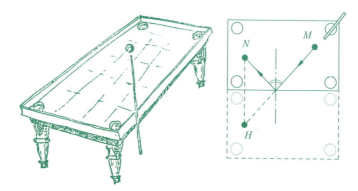

图 15.1

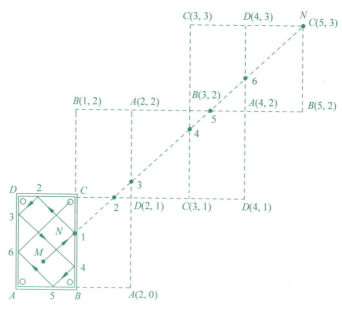

图 15.2

延长后会通过图中的网架格点时,弹子才有可能落入网洞中。

很清楚,记号为 $N(p,q)$ 的格点与点 M 的连线,跟图 15.2 中以长方形 $ABCD$ 为平面单位的坐标网架,相交于 $p+q-2$ 个点。从而当弹子沿 MN 方向射出时,要经台壁的 $p+q-2$ 次碰撞反射,而后才落入洞中。

不妨把台案看成是正方形的,这一点并不会从本质上改变我们的任何结论。这样一来,图 15.2 中的网架,实际上可以看成一个相当完美的直角坐标架。在这种坐标架下,"弹子直线" MN 的方程可以写为

$$ax+by=c \quad (a \cdot b \neq 0)$$

这是一个二元一次不定方程。如果我们没有对方程的解加以任何限制的话,那么只要随意确定一个 x,就可以求出一个相应的 y。这意味着原方程有无穷多组答案。不定方程的名称大约就是由此而来。不过,在大多数的情况下,我们对方程的解是有一定限制的,例如要求解是整数等。

两个坐标都是整数的点 (p,q),简称为整点。二元一次不定方程有整数解,就意味着它所代表的直线至少要经过一个整点(图 15.3)。由于整点相当于我们前面所讲的台球游戏中网架的格子点,所以游戏中的弹子能否射入网洞的全部奥秘,都在于弹子的直线方程是否存在整数解。

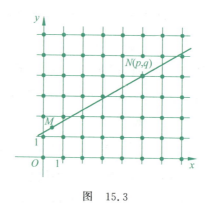

图 15.3

是不是任何一个二元一次不定方程都有整数解呢？不一定！例如方程 $3x+6y=2$ 就不可能有整数解。事实上左式对任何的整数值 x、y，都能被 3 整除，而右式则不能。上面的结论表明，倘若游戏者对弹子直线选取不当的话，即使弹子能够与台壁反射无数次，也未必能够射进网洞中。

有趣的是，上述现象与物理中的"绝对黑体"有着奇妙的联

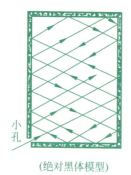

(绝对黑体模型)

图 15.4

系。绝对黑体是一种能够完全吸收光线的理想物体。在一个内壁反射性能极好的、长方体箱子的一个顶点处，开一个小孔，这就做成了一个绝对黑体的模型（图 15.4）。事实上，从正面投影看，当光线从小孔射入箱体时，光线方程可以写为

$$ax + by = 0$$

如果光线再能由小孔逸出，则至少要求上述直线要过一个整点(p,q)。代入方程后得

$$\frac{a}{b} = -\frac{q}{p}$$

也就是说$\frac{a}{b}$应是一个有理数，但$\frac{a}{b}$是有理数的情形相比之下是非常少的。所以由小孔射进箱体的光线很难再从小孔逸出。这就是说几乎所有射入的光线，都被箱体吸收了！

现在我们回到二元一次不定方程上来。前面讲过，一般的二元一次方程不一定会有整数解，不过，如果我们已经知道了整系数方程$ax+by=c$（a,b互质）的一个解$x_0=p,y_0=q$，那么我们就能知道它的全部整数解。

事实上，如果x,y是已知方程的另一解，则由

$$\begin{cases} ax+by=c \\ ap+bq=c \end{cases}$$

立得
$$a(x-p) = -b(y-q)$$

由于a,b互质，从而必有$(x-p)=bk$，此时$(y-q)=-ak$。
于是，我们得到

$$\begin{cases} x=p+bk \\ y=q-ak \end{cases} \quad (k=0, \pm 1, \pm 2 \cdots)$$

以上表明，如果我们能够找到二元一次不定方程的某个特解，那

么要写出其全部的整数解,几乎没有什么困难。

华裔物理学家诺贝尔物理学奖获得者李政道博士,在访问中国科技大学时,曾向科大少年班的学生提出以下有趣的问题:

"海滩上有一堆栗子,这是 5 只猴子的财产,它们要平均分配。第一只猴子来了,它左等右等别的猴子都不来,便把栗子分成 5 堆,每堆一样多,还剩下一个。它把剩下的一个顺手扔到海里,自己拿走了 5 堆中的一堆。第二只猴子来了,它又把栗子分成 5 堆,又多一个。它又扔掉一个,自己拿走一堆。以后每只猴子来时也都遇到类似情形,也全都照此办理。问:原来至少有多少个栗子?最后至少有多少个栗子?"

这道题可以这样解答:设该堆原有 x 个栗子,最后剩下 y 个栗子。依题意得

$$\frac{4}{5}\left(\frac{4}{5}\left(\frac{4}{5}\left(\frac{4}{5}\left(\frac{4}{5}(x-1)-1\right)-1\right)-1\right)-1\right)=y$$

整理得:

$$1024x - 3125y = 8404$$

要解上述不定方程似乎不太容易。但如果注意到系数 $3125 - 1024 = 2101$,恰为 8404 的 $1/4$,也就知道 $x = -4$,$y = -4$ 是方程的一个特解。根据前面讲到的公式,上述不定方程的所有整数解可以写成

$$\begin{cases} x = -4 - 3125k \\ y = -4 - 1024k \end{cases} (k = 0, \pm 1, \pm 2, \cdots)$$

上式当 $k=-1$ 时得到最小的正数 $x=3121, y=1020$,这就是李政道博士所提问题的答案。

李政道博士在讲到上面问题时还指出,著名的英国物理学家 P. A. M. 狄拉克(P. A. M. Dirac,1902—1984),曾对此提出过一个巧妙的解法。狄拉克的方法在此不做介绍。但最终的结论却不能不提,因为它简洁得使人惊异!即如果题中的猴子数为 5,则有

$$\begin{cases} x = 5^5 - 4 \\ y = 4^5 - 4 \end{cases}$$

十六、容器倒来倒去的启示

一道优秀的智力测验题给予人们的启示,往往比问题本身还要深刻得多。下面这道有趣的问题就是一例。

有 3 个容器,它们的容量分别是 3 升、7 升和 10 升。今有 10 升液体,想把它等分成两半,如果只用这 3 个容器,问应如何倒法?

问题解答的构思是颇为巧妙的:在一个相邻两边长分别为 3 单位和 7 单位且夹角为 60 度的平行四边形里,如图 16.1 作一个等边三角形组成的三角网。这样网中的每一个结点,即代表某时刻 3 个容器中现装液体的状态。例如,图中的

十六、容器倒来倒去的启示

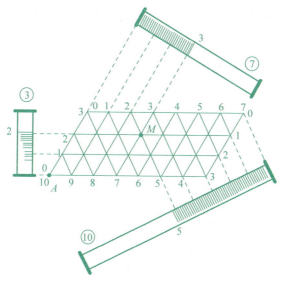

图 16.1

M 点,表示 3 升容器里现有 2 升液体,7 升容器里现有 3 升液体,而 10 升容器里现有 5 升液体。这一状态我们简记为 $(2,3,5)$,这种记法有些类似于点的坐标。很明显,如果最初液体都装于 10 升容器中,则此时 3 个容器处于 $A(0,0,10)$ 状态。下面我们考虑,当容器倒来倒去时,它们的状态究竟起着哪些变化?由于在每次倒的过程中,总有一个容器装的液体没有变动,所以每一次倒前与倒后代表容器状态的点,只能从图中某一线段的一端,移到另外一端。此外,在倒的过程中,往往不是一个容器被倒满,就是另一个容器被倒光。这意味着,在倒来倒去问题中,所有可能形成的状态,其相应的点必须在平行四边形的 4 条边上。

根据以上规律,我们可以从 A 点出发,用两种方法来等分 10 升液体。

第一种方法,如图 16.2 所示。

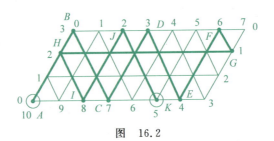

图 16.2

第一种方法的倒法过程对应表如表 16.1 所示。

表 16.1 方法一对应表

次数	容器现装液体			相应点	状态记号
	3 升	7 升	10 升		
0	0	0	10	A	(0,0,10)
1	3	0	7	B	(3,0,7)
2	0	3	7	C	(0,3,7)
3	3	3	4	D	(3,3,4)
4	0	6	4	E	(0,6,4)
5	3	6	1	F	(3,6,1)
6	2	7	1	G	(2,7,1)
7	2	0	8	H	(2,0,8)
8	0	2	8	I	(0,2,8)
9	3	2	5*	J	(3,2,5)
10	0	5*	5*	K	(0,5,5)

表中"*"表明,在倒第 10 次之后,在 7 升与 10 升容器之中已各有 5 升液体,即此时已将 10 升液体等分。

第二种方法,如图 16.3 所示。

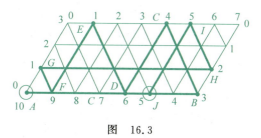

图 16.3

第二种方法的倒法过程对应表如表 16.2 所示。

表 16.2 方法二对应表

次数	容器现装液体			相应点	状态记号
	3 升	7 升	10 升		
0	0	0	10	A	(0,0,10)
1	0	7	3	B	(0,7,3)
2	3	4	3	C	(3,4,3)
3	0	4	6	D	(0,4,6)
4	3	1	6	E	(3,1,6)
5	0	1	9	F	(0,1,9)
6	1	0	9	G	(1,0,9)
7	1	7	2	H	(1,7,2)
8	3	5*	2	I	(3,5,2)
9	0	5*	5*	J	(0,5,5)

表中"*"表明,在倒第 10 次之后,在 7 升与 10 升容器之中已各有 5 升液体,即此时已将 10 升液体等分。

以上两种方法,效果虽说相同,但对比之下,第二种方法要少倒一次,自然更优些。然而,第二种方法是否最优? 除两种方

未知中的已知
方程的故事

法外还存在其他倒法吗？怎样判定最优倒法的次数？……这一连串问题，我想善于思索的读者，在读完本节之后，一定能够自行找到答案。

读者可能已经注意到，无论是哪种方法，10升容器只是起着"中转"的作用，而它本身的容积，除了必须足够装下其余容器的全部液体外，别无其他限制。

上述事实使我们的问题骤然变得十分简洁。即实质上整个倒法的过程，只是对3升的容器倒满 x 次，而对7升的容器倒满 y 次，使得总结果有

$$3x + 7y = 5$$

上式中的 x,y 可以是负整数，表示倒出。

容易看出，$x=4, y=-1$ 是不定方程 $3x+7y=5$ 的一组解。这表明实际上只要把3升的容器装满4次，又倒给7升的容器，把它装满倒光一次，即可将10升液体平分。倒法过程的程序如表16.3所示。显然，这就是第一种方法。

表 16.3　倒法过程程序表

次数	3升容器	7升容器	10升容器	程序说明
0	0	0	10	
1	3	0	7	第一次装满3升；
2	0	3	7	（倒光）
3	3	3	4	第二次装满3升；
4	0	6	4	（倒光）
5	3	6	1	第三次装满3升；

108

十六、容器倒来倒去的启示

续表

次数	3 升容器	7 升容器	10 升容器	程序说明
6	2	7	1	（7 升满）
7	2	0	8	第一次倒光 7 升；
8	0	2	8	（倒光）
9	3	2	5*	第四次装满 3 升；
10	0	5*	5*	（倒光）

表中"*"表明，在倒第 10 次之后，在 7 升与 10 升容器之中已各有 5 升液体，即此时已将 10 升液体等分。

按照前一种方法同样可以看出，$x=-3$，$y=2$ 也是不定方程 $3x+7y=5$ 的一组解。它表明要把 7 升容器倒满 2 次，然后倒给 3 升的容器，把它装满倒光 3 次，即可将 10 升液体平分。这就是第二种方法。

现在我们进一步讨论一般性问题。即假定 3 个容器的容积为 p 升、q 升和 s 升（$s=p+q$），要求通过倒来倒去从中分离出 n 升来。根据前面的分析，若我们能够求出不定方程

$$px+qy=n$$

的一组整数解，也就实际上找到了一种倒来倒去的分离方法。

然而，怎样才能保证方程 $px+qy=n$ 有整数解呢？我们说只要 p,q 互质，上述不定方程就必然有整数解。事实上，当 p,q 互质时，我们一定能够找到一组整数 l、m，使得

$$pl+qm=1$$

这样就有

$$n(pl+qm)=n$$

即得
$$\begin{cases} x = nl \\ y = nm \end{cases}$$

求 l、m 的方法，其历史相当古老，相传是由古希腊数学家欧几里得于公元前4世纪创立的。欧几里得方法的核心是辗转相除。两数 p 与 q($p<q$)辗转相除指的是，用 p 除 q，得余数 r_1；若 $r_1 \neq 1$，则转过来用 r_1 除 p，又得余数 r_2，若 $r_2 \neq 1$，则再转过来用 r_2 除 r_1，再得余数 r_3，如此反复，辗转相除。由于 p、q 互质，上述步骤必达某余数等于1而止。

利用辗转相除的式子，逐一倒推，即可求得 l、m。我们用上节李政道博士的问题中的不定方程为例，来讲解这一道理。

令
$$1024l + 3125m = 1$$

显然，$p=1024$，$q=3125$。用辗转相除法

$$\begin{cases} 3125 = 1024 \times 3 + 53 \\ 1024 = 53 \times 19 + 17 \\ 53 = 17 \times 3 + 2 \\ 17 = 2 \times 8 + 1 \end{cases}$$

由上面各式逐一倒推可得

$$\begin{aligned} 1 &= 17 - 2 \times 8 \\ &= 17 - (53 - 17 \times 3) \times 8 \\ &= 17 \times 25 - 53 \times 8 \\ &= (1024 - 53 \times 19) \times 25 - 53 \times 8 \\ &= 1024 \times 25 - 53 \times 483 \end{aligned}$$

$$= 1024 \times 25 - (3125 - 1024 \times 3) \times 483$$
$$= 1024 \times 1474 - 3125 \times 483$$

于是得到 $l=1474, m=-483$。又因 $n=8404$,从而

$$\begin{cases} x=nl=8404 \times 1474=12\ 387\ 496 \\ y=-nm=8404 \times 483=4\ 059\ 132 \end{cases}$$

在"十五、从弹子游戏的奥秘谈起"中讲过,不定方程 $1024x-3125y=8404$ 的所有整数解是 $\begin{cases} x=-4-3125k \\ y=-4-1024k \end{cases}$。上面所求的解,相当于 $k=-3964$。这也是一个特解。

从表面上看,本节所求的特解要比"十五、从弹子游戏的奥秘谈起"的特解 $x=-4, y=-4$ 复杂得多,但两者是有很大不同的。前者靠的是科学的推理,后者凭的是一时的猜测。一时的猜测乃思维的贫乏,严密的推理系科学的结晶。

借助于欧几里得辗转相除法,终于证实了容器倒来倒去问题的解的存在。但存在不等于最优,从存在到最优还有一段漫长的路。这是本节问题留给人们的又一个启示。

十七、点兵场上的神算术

韩信是我国汉初的一员大将,善于带兵。相传有一天,他在一名部将的陪同下,检阅士兵的操练。当全体士兵编成 3 路纵队时,韩信问:"最后一排剩多少人?"部将报告:"排尾剩下 2 人。"当队伍编成 5 路纵队时,韩信又问:"最后一排剩几人?"答:"剩下 3 人。"最后韩信又下达了队伍编成 7 路纵队的命令,并得知排尾依旧余有 2 人。

编队结束后,韩信问:"今天有多少将士参加操练?"部将回答说:"今天上场操练的应当有 2345 人。"韩信想了一想说:"不对吧!场上实际只有 2333 人,比你报的数字要少 12 个。"部将半信半疑,下令重新清点人数,结果果然是 2333 人,一个不差!于是部将惊服,当他问韩信是怎样得知准确数字时,韩信笑着

十七、点兵场上的神算术

说:"我是根据你刚才报的编队排尾余数算出来的。"

上面就是著名的"韩信点兵"的故事。故事的情节无疑是后人杜撰的,但点兵场上的神算术,却包含着深刻的科学道理。它源于2世纪我国古代的一部算书《孙子算经》。

《孙子算经》里有这样一道题:有个数字,用3除余数是2,用5除余数是3,用7除余数又是2。现在问这究竟是什么数字?由于这道问题融趣味性和挑战性于一体,使得在千百年的历史长河中,演化出许多颇带神秘色彩的名字,诸如"鬼谷算""神奇妙算""剪管术""秦王暗点兵""大衍求一术"等。这些无从查考的名字,除最后一个外,实在都与问题的本身风马牛不相及。

这道题在《孙子算经》中提供了以下答案:先把5和7相乘,再乘2,得出70,用3除余数是1;再用3和7相乘,得出21,用5除余数又是1;再用3和5乘得出15,用7除余数也是1。

未知中的已知
方程的故事

然后把用 3 除所得的余数 2 和 70 相乘，得出 140；把用 5 除所得的余数 3 和 21 相乘，得出 63；把用 7 除所得的余数 2 和 15 相乘，得出 30。再把以上所得的 140，63，30 加起来，得 233。由于 $3\times5\times7=105$，所以 233 减去 2 倍的 105，得到数 23。它除以 3、5、7 时，余数不会改变。所以 23 就是上面问题的最简答案。

以上算法可以归纳为两个式子：
$$70\times2+21\times3+15\times2=233$$
$$233-105\times2=23$$

1593 年，我国明代数学家程大位在其《算法统宗》一书中，还把《孙子算经》上的方法，概括为一首颇妙的诗：

三人同行七十稀，五树梅花廿一枝；
七子团圆正半月，除百零五便得知。

现在回到"韩信点兵"的问题上来。很明显，点兵场上的士兵数 x 应等于 $x=233+105n$（n 为整数）。又一般统计人数往往偏多，这就是说应该有
$$x\leqslant 2345$$
从而当 $n=20$ 时，所得 x 值最接近部将报的人数，这就是韩信所说的 2333。

不能不提的是，我国著名的数学家华罗庚（1910—1985）曾对此提出一种构思颇为巧妙的"笨"办法，即在算盘上先拨上 2，然后每次加 3，一直加到除以 5 余 3 为止。然后再在这个数上

每次加 15,直到除以 7 余 2 为止。整个过程实际只有两行算式:

2;2+3=5;5+3=8

8;8+15=23

看!结果出来了。"笨"办法其实不笨!

《孙子算经》上所用的方法,古人称之为"大衍求一术"。这个名称起自南宋的秦九韶。1247 年,秦九韶在他不朽的名篇《数书九章》中,对"大衍求一术"补充了完整的算法,并加以推广和应用。西方国家最早取得同样成果的是欧拉和高斯,但这已是 550 年后的事。可见秦九韶当时的成就是多么惊人。难怪西方数学家至今仍把这种方法叫作"中国剩余定理"。

下面我们通过一般性的问题,来仔细介绍一下"大衍求一术"。求一数 N,使得以 a_1 除时余 r_1,以 a_2 除时余 r_2,以 a_3 除时余 r_3,等等。写成代数式就是

$$\begin{cases} N = a_1 q_1 + r_1 \\ N = a_2 q_2 + r_2 \\ N = a_3 q_3 + r_3 \\ \vdots \end{cases}$$

"大衍求一术"首先要求找到一个数 m_1,它除以 a_1 余 1,而又同时被 $b_1=a_2 \cdot a_3$ 除尽;再求一个数 m_2,它除以 a_2 余 1,而又同时被 $b_2=a_1 \cdot a_3$ 除尽;又求一个数 m_3,它除以 a_3 余 1,而又同时被 $b_3=a_1 \cdot a_2$ 除尽;如此等等。以上一系列"求 1"的过程,相当于解一系列不定方程

$$b_i x + a_i y = 1 \quad (i=1,2,3,\cdots)$$

在"十六、容器倒来倒去的启示"中已经讲过,当 a_1, a_2, a_3 互质的时候,利用辗转相除法,我们能够求得上面不定方程的解 $x_i(i=1,2,3)$。于是,若令 $m_i=b_i x_i$,那么

$$m_1 r_1 + m_2 r_2 + m_3 r_3$$

就是一个除以 a_1 余 r_1,除以 a_2 余 r_2,除以 a_3 余 r_3 的数。即为上面问题的答案之一,它加上或减去 $a_1 \cdot a_2 \cdot a_3$ 依然具有同样的性质。

例如,求一最小正整数,使其以 3 除余 2,以 7 除余 3,以 11 除余 4。

先求以 3 除余 1 且被 77 除尽的数,这可以从 77 的倍数中去找。很明显,154 就是。即求得 $m_1=154$。再求以 7 除余 1 且被 33 除尽的数。用辗转相除法可得

$$33 - 7 \times 4 = 5; \quad 7 - 5 = 2; \quad 5 - 2 \times 2 = 1$$

因此
$$1 = 5 \times 1 - 2 \times 2$$
$$= 5 \times 1 - (7-5) \times 2$$
$$= 5 \times 3 - 7 \times 2$$

$$=(33-7\times4)\times3-7\times2$$
$$=33\times3-7\times14$$

于是求得 $m_2=33\times3=99$。同理,还可以求得 $m_3=-21$,由于题中 $r_1=2, r_2=3, r_3=4$,从而

$$m_1r_1+m_2r_2+m_3r_3$$
$$=154\times2+99\times3+(-21)\times4$$
$$=308+297-84=521$$

注意到 $3\times7\times11=231$,所以用 3 除余 2,用 7 除余 3,用 11 除余 4 的最小正整数是 $521-231\times2$,即 59。

最后还要提到一段历史。1856 年,"大衍求一术"经别尔纳斯基翻译传到欧洲。数学史学家伟烈亚力等人,根据别尔纳斯基的译本做了注解。但由于译本中的某些疏忽,致使这一方法的正确性,受到了大名鼎鼎的集合论创始人康托尔教授等一批学者的怀疑。后来经马蒂生等人的努力,论证了"大衍求一术"实际上与高斯的公式相一致,这才使得西方学者对中国数学史上这一光辉篇章的误解,得以澄清。因此,在这里有必要再一次提到它,以正视听!

十八、数学王国的巾帼英雄

陀螺是中小学生熟悉的一种玩具。一只小小的陀螺在桌面上飞速地旋转着,但见它立定一点,一面绕倾斜于桌面的轴急速自转,另一面自转轴又宛如锥体母线般绕着过定点而垂直于桌面的轴线,缓慢而稳定地做公转运动。

陀螺旋转的时候为什么不会倒?在千万个玩陀螺的人中,

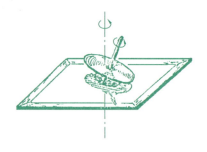

能正确回答出这个问题的,大概不会太多。的确,陀螺的转动是十分有趣而神秘的。

陀螺在科学上有很高的研究价值和实用价值。把旋转着的陀螺抛向空中,它能使自己的轴保持原来的方向。陀螺的这一特性,被用来制造定向陀螺仪,广泛用于航海、航空和宇宙飞行之中。

然而,关于陀螺运动的研究,或者换成更学术的说法,叫刚体绕固定点运动的问题,却有一段神奇的历史。

1888 年,法兰西科学院举行第 3 次有奖国际征文,悬赏 3000 法郎,向全世界征集关于刚体绕固定点运动问题的论文。在此之前的几十年内,鉴于该问题的重要性,法兰西科学院曾以同样的奖金进行过两次征文。不少杰出的数学家曾经尝试过解答,但都没有能够成功。两次征文的奖金,依然原封不动地搁置着。为此,法兰西科学院决定第 3 次征集论文,这使许多素有盛望的数学家跃跃欲试。可是到了评判那天,评委们全都大为震惊。他们发现有一篇文章鹤立鸡群。这是一篇闪烁着智慧光芒的佳作,每一个步骤,每一个结论,都充溢着高人一等的才华。鉴于它具有特别高的科学价值,评委们破例决定,把奖金从原来的 3000 法郎提高到 5000 法郎。

评判结束了,打开密封的名字一看,原来获奖的是一位俄罗斯女性,她就是数学王国的巾帼英雄,一位蜚声数坛的女数学家索菲娅·柯瓦列夫斯卡娅(Софья Ковалевская,1850—1891)。

打开世界的科学史,科学家中的女性屈指可数,女数学家更是寥若晨星。而在 20 世纪之前能够载入数学史册的,柯瓦列夫斯卡娅大约可以排在第一名[①],她的奋斗经历充满着传奇色彩。

柯瓦列夫斯卡娅生于将军之家,由于叔叔彼得的启蒙,她对数学产生了浓厚的兴趣。但她的父亲,一位退休了的军人,带着对女性古老的偏见,反对女儿学习数学。在这种情况下,柯瓦列夫斯卡娅只好躲在自己的房间里偷偷地看数学书。这种神秘的

---

① 历史上值得一提的女数学家还有:1.希帕蒂娅(Hypatia,约 370—415),古希腊数学家,亚历山大城的柏拉图学派的领导人;2.索菲·热尔曼(Sophie Germain,1776—1831),法国数学家,在挑战费马定理方面独树一帜,为纪念她,人们把 p 与 $2p+1$ 都是质数的数称为"索菲·热尔曼质数";3.爱达·洛夫雷斯(Ada Lovelace,1815—1851),英国数学家,在算法上颇有建树,被誉为世界上第一位程序员,目前使用的 Ada 计算机语言,就是以她的名字命名的;4.艾米·诺特(Emmy Noether,1882—1935),德国数学家,在数学和物理方面都有杰出贡献,是抽象代数奠基人之一。

十八、数学王国的巾帼英雄

学习气氛,反而增加了柯瓦列夫斯卡娅的好奇心和求知欲,她的进取心更强了,这时她才13岁。第二年,一本基利托夫的物理书引起了柯瓦列夫斯卡娅的注意,因为基利托夫教授是她的邻居。在翻看教授的著作时,她发现书中用到许多三角知识,然而三角对于这时的她,却是一个陌生的世界。于是她从画弦开始,自己推导出一系列三角公式,这无疑相当于一个数学分支史的再创造!这一超人的天赋,使基利托夫教授惊愕了,他仿佛看到了一位新帕斯卡的出现。法国数学家帕斯卡在少年时代曾是世人公认的神童。在基利托夫教授的再三说服下,柯瓦列夫斯卡娅的父亲终于同意她前往外地学习微积分和其他课程。就这样她得以刻苦学习了两年。正当她渴望能上大学深造的时候,父亲严令将她召回。这位当过将军的父亲怎么也不能理解女儿的学习要求。他那花岗岩般的脑袋始终认定,女人和数学是不可共容的两个词,况且女儿已经长大成人。

为了继续自己的学业,柯瓦列夫斯卡娅使出了作为姑娘的最为有效的一招。她决定出嫁了,丈夫是一位年轻开明的生物学家。婚后,她与丈夫双双来到彼得堡。可是一到那里,美好的幻影立即破灭,因为当时的俄国大学不招收女生。

世界上的许多事情常常是事与愿违。结婚,既带给柯瓦列夫斯卡娅欢悦,也带给她苦恼。没过多久,柯瓦列夫斯卡娅当了母亲。幼小的生命,繁重的家务,淡化了她对数学的酷爱。一天,小孩屋里没有糊墙的纸,她就用数学家尼古拉·奥斯特拉德斯基（Николай Остроградский，1804—1862）的书撕下来裱糊。没想到这些散页中的各种符号，重新激起了柯瓦列夫斯卡娅学习数学的热情。在丈夫的支持下，她一面买了许多数学书日夜攻读，另一面在彼得堡大学非正式跟班旁听。随着学业的进步，她对深造的愿望更加强烈了！

索菲娅·柯瓦列夫斯卡娅

1870年，年仅20岁的柯瓦列夫斯卡娅毅然决定前往柏林，那里有一所她所倾慕的学府——柏林大学。但是她不知道，在那个时代，歧视妇女的思想并没有国界，柏林大学拒绝接纳这位外国女生。然而柯瓦列夫斯卡娅并未因此放弃，她找到了在柏林大学任教的著名数学家卡尔·魏尔斯特拉斯（Kal Weierstrass，1815—1897），直接向他陈述自己的请求。这位年近花甲的教授迷惑了，他用怀疑的眼光看了看这个异邦的姑娘，然后向她提出了一个在当时相当深奥的椭圆函数问题，这是教授前一刻正在思考的。柯瓦列夫斯卡娅当场做了解答。精辟的结论，巧妙的构思，非凡的见解！魏尔斯特拉斯震动了！教授破例答应收她为私人学生。在名师指点下，柯瓦列夫斯卡娅如虎添翼，迅速地成长着。

1873年，柯瓦列夫斯卡娅连续发表了3篇关于偏微分方程的论文。由于论文具有的创造性和极高的价值，1874年7月，哥廷根大学破例在无须答辩的情况下，授予柯瓦列夫斯卡娅博士学位,那年她才 24 岁。

1875 年,柯瓦列夫斯卡娅满怀热情返回故土,但等待她的却是无限的忧愁。沙皇俄国绝不允许一个女人走上讲台,研究机构也没有女人的位置。就这样,这位俄罗斯的天才女儿,令人惋惜地中断了 3 年研究。而后她又因小女儿的出生再次耽搁了 2 年研究。1880 年彼得堡召开科学大会,著名数学家车比雪夫(Пафнутий Львович Чебышёв,1821—1894)请她为大会提供一篇文章。她从箱底翻出一篇 6 年前写成却没有发表的,关于阿贝尔积分的论文,献给大会。然而这篇放置了 6 年之久的文章,依旧引起了大会的轰动。

1888 年 12 月,法兰西科学院授予柯瓦列夫斯卡娅波士顿奖,表彰她对于刚体运动研究的杰出贡献。1889 年,瑞典科学院也向柯瓦列夫斯卡娅授了奖。同年 11 月,慑服于这位女数学家的巨大功绩,以及以车比雪夫为首的一批数学家的坚决请求,俄国科学院终于放弃了"女人不能当院士"的旧规。年已古稀的车比雪夫激动地给柯瓦列夫斯卡娅发了如下电报:

在没有先例地修改了院章之后,我国科学院刚刚选举你做通信院士。我非常高兴看到,我的最急切和正义的要求之一实现了。

1891 年初,柯瓦列夫斯卡娅在从法国返回斯德哥尔摩途中病倒。由于医生的误诊,无情的病魔夺去了她光彩夺目的生命,此时她年仅 42 岁。

十九、晶体·平面均匀镶嵌

天工造物,常常壮丽得使人惊叹不已,晶体便是一例。一颗华贵的钻石,闪烁光辉,坚硬无比,那是由世上最常见的碳原子,按照一种极有次序的排列而构成的纯晶体(图 19.1)。石英晶莹透亮,那是一种与花岗岩相同成分的六角柱状晶体(图 19.2)。普通的食盐,有着立方体的晶形。

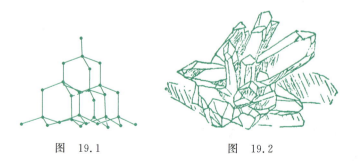

图 19.1   图 19.2

十九、晶体·平面均匀镶嵌

我们常见的铅笔芯是由一种叫作石墨的原料制成的。当铅笔移动的时候,石墨层滑落,于是在纸上留下了笔迹。石墨的这种性质是由于它内部的原子有规则地建成平面层,然后又层层相叠,如此而已(图19.3)。使人感到惊讶的还在于,这种黑不溜秋的石墨晶体,已被科学证实是高雅华丽的金刚石的"孪生兄弟"。

几乎所有的矿物都是晶体,迄今为止地球上发现的矿物已不下两千种。然而,晶体并非矿物所独有,自然界其他类型的晶体还有很多。在放大镜下观察雪花,可以看到那是由六角形图案的冰晶组成(图19.4),而且世间无数雪花中没有两片是一样的。

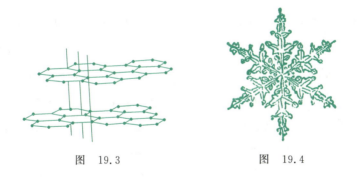

图 19.3　　　　　　图 19.4

但是晶体的几何结构,并非随意的。1885年,俄国青年矿物学家费德洛夫(E. C. Федоров,1863—1919)论证:一切晶体的结构,只能有230种不同对称要素的组合方式。费德洛夫的结论轰动了整个化学界,其本人也因结晶学上的成就被选为彼得堡科学院院士。有趣的是,费德洛夫的论证实质上并不涉及化学,而仅仅是使用了数学工具而已。此后,在1912年,德国科学家麦克斯·冯·劳厄和英国科学家威廉·布拉格父子用X射线照射晶体,使人们直观地洞悉了晶体美丽外形下的内部规律,从而在实践中证实了费德洛夫理论的正确。

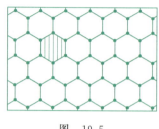

图 19.5

要想彻底了解费德洛夫的证明,必须用到更深的数学知识。不过如果从空间退到平面上来,似乎会有助于我们的理解。图19.5是上面讲到的石墨晶体一个层的示意图,图中的点代表碳原子,每一个正六边形称为单位格子。在不同晶体中单位格子可以是不同的图形。一个单位格子经过两组不相平行的平移 na 和 mb(n 和 m 都是整数),所得到的图形叫作面饰。使面饰不变的动作,如平移、旋转、反射等构成面饰的对称群。群的概念我们在"八、数学史上的灿烂双星"中曾经做过介绍。数学上已经证明:面饰的对称群共有17种。

有一类面饰是用正多边形来镶嵌平面,由此可以得到一些极为瑰丽的图案。欣赏这些绝妙的图案,有时可以令人心旷神怡。

如果镶嵌图的每一个顶点都由相同结构的正多边形构成,则这种镶嵌是均匀的。自然不是什么样的正多边形都能铺满平面。如果只限于单一的正多边形的话，那么不难知道，除上面讲过的正六边形之外，还可能有以下两种(图 19.6)。但如果可以由不同种类的正多边形组合，那么就必须使它们的内角在镶嵌图的每个顶点处恰好拼成一个周角，如图 19.7 所示。由于正 n 边形的一个内角为 $\left(\dfrac{1}{2}-\dfrac{1}{n}\right)\cdot 2\pi$，所以上述要求无疑相当于求一组正整数 n、p、q、r、$\cdots$、t 使得

$$\left(\frac{1}{2}-\frac{1}{n}\right)+\left(\frac{1}{2}-\frac{1}{p}\right)+\left(\frac{1}{2}-\frac{1}{q}\right)+\cdots+\left(\frac{1}{2}-\frac{1}{t}\right)=1$$

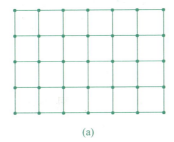
(a)

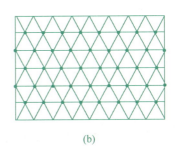
(b)

图 19.6

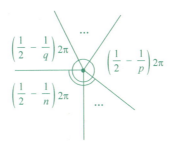

图 19.7

这个不定方程共有 17 组整数解,其中能够铺满平面的只有 10 组,它们是

(1) $n=3, p=3, q=3, r=3, s=3, t=3$(图 19.6(b));

(2) $n=3, p=3, q=4, s=4$(有两种图案,见图 19.8);

图　19.8

(3) $n=3, p=3, q=3, r=3, s=6$(图 19.9(a));

(4) $n=3, p=3, q=6, r=6$(有两种图案,它们的区别仅在于配合的排列,如图 19.9(b)、图 19.10(a)所示);

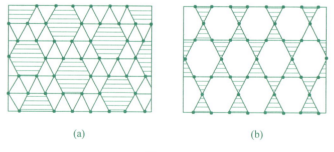

图　19.9

(5) $n=3, p=4, q=4, s=6$(有两种图案,如图 19.10(b)、图 19.10(c)所示);

(6) $n=3, p=12, q=12$(图 19.10(d));

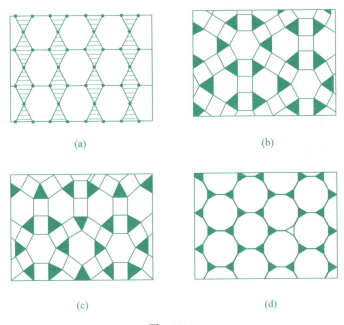

图 19.10

(7) $n=4, p=4, q=4, r=4$(图 19.6(a));

(8) $n=4, p=8, q=8$(图 19.11(a));

(9) $n=4, p=6, q=12$(图 19.11(b));

(10) $n=6, p=6, q=6$(图 19.5)。

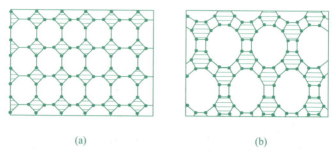

(a)　　　　　　　　　　(b)

图　19.11

除以上 10 组外,还有 7 组整数解,但它们只能使某些顶点满足关系式,而无法形成整个平面的均匀镶嵌,见表 19.1。

表 19.1　7 组整数解

编 号	n	p	q	r	备 注
(11)	3	10	15	—	—
(12)	3	9	18	—	—
(13)	3	8	24	—	—
(14)	4	5	20	—	—
(15)	3	3	4	12	有两种
(16)	5	5	10	—	—
(17)	3	7	42	—	—

多边形镶嵌平面的理论,在建筑结构、经济裁料、废物利用等方面有很大的实用性。例如,某木器厂有一批大小一样的四边形余料,我们可以如图 19.12 那样,把它们拼接成一块完整的地面。

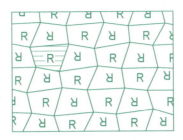

图 19.12

需要指出的是,有一些非均匀的镶嵌,其图案也与均匀镶嵌同样的壮丽和美观(图 19.13)。

 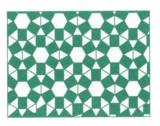

图 19.13

二十、数学世界的"海市蜃楼"

地球,这一运载着人类的方舟,一如既往地在浩瀚的宇宙中运行。繁衍生息于方舟之上的智慧生命,以其数千年积累的智慧,终于在某一天,向茫茫的太空发出震撼人心的呼声:在其他星球上是否存在着具有高度智慧的生命?

从 1969 年 7 月 20 日,美国"阿波罗号"首次载人登月,到 2019 年 1 月 3 日,我国"嫦娥 4 号"首次揭开月球背面的神秘面纱,人类不仅已经征服了月球,而且还派出了忠实的"信使",飞向广袤的太空,寻觅知音。如果有朝一日我们的宇宙飞船到达某个星球,又如果

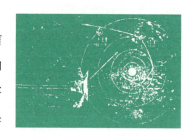

那儿也有高级生命存在,那么我们将用什么东西作为两个星球间的智慧媒介呢?

1972年3月和1973年4月,美国宇航局相继发射了"先驱者10号"和"先驱者11号"宇宙探测器,这两艘飞船目前都已完成了探测太阳系行星的任务,并离开太阳系继续向宇宙深处飞去。这两位星际旅行的"先驱者"各带着一块金属板,板上画有地球上智慧生命的形象——一个男人和一个女人;画有飞船本身的外形轮廓和飞船的出发点(图 20.1)。

图　20.1

追随着"先驱者"的足迹,1977年又有两艘宇宙飞船"旅行者"号上了天,这次带去的是"地球之音":包括我国八达岭长城雄姿在内的 115 张照片,35 种自然音响,60 种语言的问候语和 27 支世界名曲。

以上这些无疑都是地球人在向未知的"宇宙人"做自我介

绍。然而，这些图画和音响能被宇宙人所了解吗？对此我国著名数学家华罗庚教授认为，为了沟通两个不同星球的信息，最好带去两个图形：一个是"数"，一个是"数形关系"。图 20.2 表示勾股定理，大家已很熟悉。图 20.3 是闻名于世的"洛书"，源于古代中国的文化。传说大约在 3000 年前夏禹治水的时候，洛水里浮现出一只大乌龟，龟背上刻有奇怪的花纹（图 20.4），实际就是图 20.3 的样子，"洛书"即由此得名。"洛书"有一个奇特的性质，就是横的 3 行、纵的 3 列以及两对角线上各自 3 个数字的和都等于 15。"洛书"传到印度，被认为是吉祥的象征，至今还有许多印度少女把"洛书"的图案当作护身符。

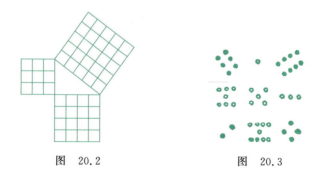

图 20.2　　　　　　　　图 20.3

由于洛书共有 9 个数，所以汉代徐岳把它称作"九宫算"。九宫算在汉代之后有了很大发展，成为纵横均 n 行的图案，又叫"纵横图"。下面列的是两个历史上颇为著名的 4 阶纵横图（图 20.5）。这些纵横图除了具备横行、纵列及两对角线上各自

二十、数学世界的"海市蜃楼"

图 20.4

图 20.5

数字的和为定数外,还各有许多意想不到的奇特性质。

15世纪,住在君士坦丁堡的摩索普拉把中国的纵横图介绍到欧洲,并取名为"幻方"。由于欧洲对幻方的研究后来居上,又由于幻方有着海市蜃楼般变幻莫测的性质,所以幻方一词便逐渐为世人所接受。

现存欧洲最古老的幻方,是1514年德国画家阿尔布雷特·丢勒(Albrecht Dürer,1471—1528)在他著名的铜版画《忧郁》上刻的图(图20.5(a))。有趣的是丢勒在幻方中把创作的年份也塞了进去。图20.5(b)是印度太苏神庙石碑上的幻方,刻于11世纪。这个幻方上有85组4数之和为34的组合。更为奇特的是如把幻方边上的行或列,挪到另一边去,新得的仍是幻方。

幻方中各行或各列数字的和我们称为"变幻常数"。3阶幻方的变幻常数$N_3=15$;4阶幻方的变幻常数$N_4=34$,对于n阶幻方,所有n^2个数字的总和为

$$1+2+3+\cdots+n^2=\frac{1}{2}n^2(n^2+1)$$

它显然等于n个变幻常数之和,从而

$$N_n=\frac{1}{2}n(n^2+1)$$

图20.6是欧洲某博览会大厅的地砖上的数字,这里任意一个5×5的正方形都构成一个5阶幻方。5阶幻方的变幻常数

$$N_5=\frac{1}{2}\times 5\times(5^2+1)=65$$

图20.7(a)是1956年冬在我国陕西元代安西王府旧址发掘出的铁板面图案,上面刻的是六阶印度—阿拉伯数码幻方。图20.7(b)是该幻方数码对应的阿拉伯数字。

据考证,这个幻方可能是"西域人"扎马鲁丁带来的。据传,成吉思汗的孙子蒙哥,派旭烈兀西征时,曾命他将当时著名的中亚科学家纳速拉丁带回中国,但旭烈兀进入波斯后并没有把纳

二十、数学世界的"海市蜃楼"

1	15	24	8	17	1	15	24	8	17	1	15	24	8	17
23	7	16	5	14	23	7	16	5	14	23	7	16	5	14
20	4	13	22	6	20	4	13	22	6	20	4	13	22	6
12	21	10	19	3	12	21	10	19	3	12	21	10	19	3
9	18	2	11	25	9	18	2	11	25	9	18	2	11	25
1	15	24	8	17	1	15	24	8	17	1	15	24	8	17
23	7	16	5	14	28	7	16	5	14	23	7	16	5	14
20	4	13	22	6	20	4	13	22	6	20	4	13	22	6
12	21	10	19	3	12	21	10	19	8	12	21	10	19	3

图 20.6

28	4	3	31	35	10
36	18	21	24	11	1
7	23	12	17	22	30
8	13	26	19	16	29
5	20	15	14	25	32
27	33	34	6	2	9

(a)　　　　　(b)

图 20.7

速拉丁送回,而是带着他继续西征巴格达,改派了精通天文的扎马鲁丁替安西王推算历法。所以推测前述阿拉伯文幻方铁板,为扎马鲁丁所带。

对于幻方,人们要提的问题大致有三:一是对哪些 n,n 阶幻方存在?二是如果幻方存在,如何去构造它?三是对给定的

n，构造出的幻方有多少种？

第一个问题是人们早已解决的，即除 2 之外其余各阶幻方均存在。第二个关于幻方的构造问题，早在 1275 年我国数学家杨辉就提出过由自然方阵构造 4 阶幻方的原则，即在自然方阵中，两对角线上数字不动，其余的数字如图 20.8(b) 移到中心对称的位置上去。以上的构造方法，对于阶数是 4 的倍数的幻方都适用，读者可以自行练习。奇数阶幻方的构造稍复杂一些，但也有一定的规则，这里就不多说了。

(a) 幻方　　　　　　　　(b) 自然方阵

图　20.8

下面我们集中研究半偶数阶（即阶数是不能被 4 除尽的偶数）幻方的构造。有一种有效的方法，称为加层。以 6 阶幻方为例，我们可以在一个 4 阶幻方的外围加上一层（图 20.9）。由于 6 阶幻方有 36 个数，4 阶幻方只有 16 个数，所

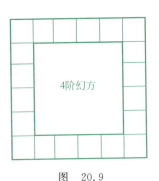

图　20.9

以必须增加 20 个数。不过,这 20 个数必须取 1～36 的前 10 个和后 10 个。而让 11～26 组成核心的 4 阶幻方,只要把原 4 阶幻方每数加 10 即可,此时新变换的常数 $N_4'=N_4+40=74$。注意到 $N_6=111$,就知道添加层的同行或同列两个空格之和必须是 $N_6-N_4'=37$。从而只能在以下甲乙对偶中去选取(表 20.1)。

表 20.1　甲乙对偶表

甲	1	2	3	4	5	6	7	8	9	10
乙	36	35	34	33	32	31	30	29	28	27

由于乙组 4 个数之和至少为 114,又甲组 4 个数之和至多为 34。从而容易推知,添加层的行和列都只能由 3 个甲组的数配 3 个乙组的数构成。事实上,如果该行有 4 个甲组数,则该行 6 个数字之和必不大于 $34+36+35=105$,这与该行 6 数之和为 $N_6=111$ 不合。同理,如果该行有 4 个乙组数,则该行 6 个数字之和必不小于 $114+1+2=117$,这也与该行数字和为 111 矛盾。

现在我们选取 1,2 为两个角的数,第一行的其余空格设为 $x, 37-x_1, 37-x_2, 37-x_3$,这里 x, x_1, x_2, x_3 规定都是甲组数。由已知

$$1+2+x+(37-x_1)+(37-x_2)+(37-x_3)=111$$

整理得 $3+x=x_1+x_2+x_3$,由于上式右端不小于 $3+4+5=12$,而左端不大于 $3+10=13$,从而可能有 $x=9$ 和 $x=10$ 两种

情形。

若 $x=9$,则应有 $x_1=3, x_2=4, x_3=5$,由此可以推出如图 20.10 所示的解。图中除 4 个角以外,同行或同列数字的排序可以任意,其余的空格可以依对偶规律填补。

又若 $x=10$,则可得 $x_1=3, x_2=4, x_3=6$,相应的一个 6 阶幻方如图 20.11 所示。

1	9				2
6					
10					
					7
					8
35		3	4	5	36

图 20.10

1	10	34	33	31	2
7	11	25	24	14	30
8	22	16	17	19	29
32	18	20	21	15	5
28	23	13	12	26	9
35	27	3	4	6	36

图 20.11

关于幻方的第 3 个问题,今天人们已经知道不同的 4 阶幻方有 880 种,而不同的 5 阶幻方有 275 305 224 种。至于其他类型幻方的种数,这是一门丰富多彩的数学新分支——组合数学研究的课题,这里就不多介绍了。

二十一、47 年与 17 秒

在"二十、数学世界的'海市蜃楼'"中,读者已经领略了幻方园地的独有风貌,本节我们将展示这一领域的今古奇观。

幻方冲破方阵限制至少可以追溯到 700 年前,在 1275 年出版的我国古代著作《续古摘奇算法》中,就记载了图 21.1 所示的幻方,称为"攒九图"。这是一个奇特的圆形幻方,由 1~33 的自然数,排成 4 个同心圆。中心置 9,并形成 4 条直径。各直径上的数字和均为 147,各圆周上的数字和都等于 138。

图 21.2 是一个六角星形的幻方,幻方中的每一直线上 4 个数字和均为 26,而 6 个角上的数字和也是 26。这一幻方虽然简单,但不乏趣味,可以使人乐在其中。

对于"反幻方"的研究,始于著名的美国数学科普作家、幻方

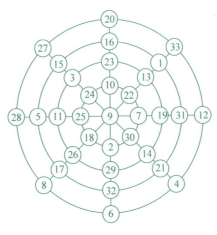

图 21.1

大师马丁·加德纳(Martin Gardner,1914—2010)。大家知道,对幻方来说,"变幻常数"是至关重要的。例如,当我们知道了一个 3 阶幻方的变幻常数 N,实际上就等于知道了占中央位置的数 x_5(图 21.3)。这是由于,从含有 x_5 的定数式可得

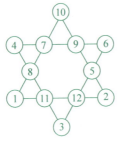

图 21.2

x_1	x_2	x_3
x_4	x_5	x_6
x_7	x_8	x_9

图 21.3

$$\begin{cases} x_2+x_5+x_8=N \\ x_4+x_5+x_6=N \\ x_1+x_5+x_9=N \\ x_3+x_5+x_7=N \end{cases}$$

以上各式相加,得

$$(x_1+x_2+x_3)+(x_4+x_5+x_6)+(x_7+x_8+x_9)+3x_5=4N$$

从而

$$3N+3x_5=4N$$

$$x_5=\frac{1}{3}N$$

利用这个性质,我们可以通过少量的已知数字,推断出未知的幻方。例如,我们已知某 3 阶幻方变幻常数为 $N=111$,其余的已知数字如图 21.4 所示。如何填出题中幻方所缺的数字,这对锻炼思维无疑是一个极好的练习。

马丁·加德纳考虑的是,把 $1,2,3,\cdots,9$ 随意地填在 3 阶方阵的 9 个格子内,会出现什么现象呢?他发现,在一般的情况下,总会出现一些行、一些列或对角线上的数字和相等。于是马丁·加德纳提出了这样的疑问,是否存在一个方阵,它的任一行,任一列,或对角线上数字和都不相等呢?这就是"反幻方"问题。后来,马丁·加德纳终于找到了这种反幻方。有趣的是,反幻方中的 9 个数,竟然形成按序咬接的"一条龙"(图 21.5)。

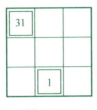

图 21.4   图 21.5

在幻方中最奥妙、最壮观的大约要数"双料幻方"(图 21.6)。这是一个 8 阶幻方,它的每行、每列、每条对角线上的 8 个数,不仅和为定数 840,而且积也为定数,等于 2 058 068 231 856 000。这可真是天工造物。真不知当初人们是怎么想出来的!

46	81	117	102	15	76	200	203
19	60	232	175	54	69	153	78
216	161	17	52	171	90	58	75
135	114	50	87	184	189	13	68
150	261	45	38	91	136	92	27
119	104	108	23	174	225	57	30
116	25	133	120	51	26	162	207
39	34	138	243	100	29	105	152

图 21.6

把幻方的研究从平面推向立体似乎是件自然的事。所谓"幻立方",一般是指用 $1 \sim n^3$ 个自然数,填入 n^3 个小立方体,使立方体的每个剖面正方形上的每行、每列、每条对角线上各数的和都等于定数。"幻立方"问题要比幻方问题困难得多。人们已经证明 3 阶、4 阶标准幻立方不存在。国外已有高手做出 5 阶标准幻立方。6 阶标准幻立方是否存在，目前人们还不清楚。7 阶幻立方已经有人做出。8 阶幻立方诞生于 1970 年春天，作者还是个中学生呢！

翻开整部幻方的历史，最稀有和最富戏剧性的莫过于六角幻方。

1910 年，一个名叫阿当斯的青年对六角幻方产生了浓厚兴趣。由于一层六角幻方显然是不存在的。否则在图 21.7 中，从 $x+y=y+z$，将得出 $x=z$，这是不允许的。于是，阿当斯把自己的全部注意力，都集中在由 19 个数组成的两层六角幻方上。他利用自己在铁路公司阅览室当职员之便，用一切空闲的时间，不停地摆弄 1~19 这 19 个数，如此这般度过了漫漫的 47 个春秋。这时的阿当斯已不再是过去英姿风发的年轻小伙子。无数的失败、挫折和无情的岁月，使他成了两鬓斑白的老人，但阿当斯依旧兴趣不减。在 1957 年的一天，患病中的阿当斯在病床上无意中排列成功了。他惊喜万分，连忙翻身下床找纸把它记录下来。几天后他病愈出院。到家时却不幸地发现，那张记录六角幻方的纸竟然不见了！

未知中的已知
方程的故事

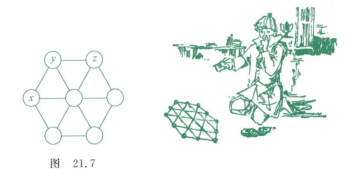

图 21.7

然而阿当斯并没有因此灰心,他继续奋斗了 5 年,终于在 1962 年 12 月的一天,重新找到了那个丢失的图形(图 21.8)。这时的阿当斯已是古稀之人。

阿当斯排出了六角幻方,激动无比。他对此视若珍宝,并把它拿给马丁·加德纳鉴赏。面对着这巧夺天工的奇珍,马丁博

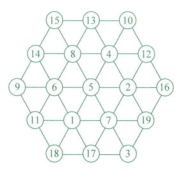

图 21.8

士顿感眼界大开,并为此写信给才华横溢的数学游戏专家特里格。特里格试图在阿当斯六角幻方的基础上,对层数做出突破,但经过反复的研究,他终于惊奇地发现,自己所做的一切努力都是无用功!两层以上的六角幻方根本不存在!

1969年,滑铁卢大学二年级学生阿莱尔对特里格的结论,做出了如下极为简单巧妙的证明:

设六角幻方层数为 n,则中心有 1 个数,第 1 层有 6 个数,第 2 层有 12 个数,第 n 层有 $6n$ 个数(图 21.9)。若整个幻方总共有 N 个数,则

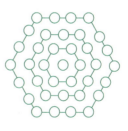

图 21.9

$$N = 1 + 6 + 12 + \cdots + 6n = 1 + \frac{1}{2}(6 + 6n)n$$
$$= 3n^2 + 3n + 1$$

设这 N 个数之和为 M，则

$$M = 1 + 2 + \cdots + N = \frac{1}{2}N(N+1)$$

$$= \frac{1}{2}(3n^2 + 3n + 1)(3n^2 + 3n + 2)$$

由于 n 层六角幻方应当有 $2n+1$ 行，且每行数字的和均相等，所以 $(2n+1)$ 必须除尽 M。由于

$$M = \frac{1}{2}(3n^2 + 3n + 1)(3n^2 + 3n + 2)$$

$$= \frac{1}{2}[(2n+1)(n+1) + n^2][(2n+1)(n+1) + (n^2+1)]$$

因而 $n^2(n^2+1)$ 也应被 $(2n+1)$ 整除。又因 n^2 与 $(2n+1)$ 是互质的（它们的和为 $(n+1)^2$），所以 $(2n+1)$ 必须整除 n^2+1，但

$$4(n^2+1) = (2n+1)(2n-1) + 5$$

这意味着，$(2n+1)$ 必须整除 $(2n+1)(2n-1)+5$，也就是必须整除 5。这样，只能是 $2n+1=1$ 或 $2n+1=5$。前者推出 $n=0$，只剩下中心一个点，后者得到 $n=2$，即六角幻方只能有两层。

后来阿莱尔更上一层楼，把六角幻方的可能选择输入电子计算机测试。结果用了 17 秒，得出了与阿当斯完全相同的结果。电子计算机向人类庄严宣告：普通的幻方可能有千千万万种排法，但六角幻方却只能有阿当斯这一个排法！难怪阿当斯为此花了 47 年呢！

二十二、稳操胜券的对策游戏

对数学家来说,一个有意义的对策或游戏,往往不必进行到最后,便能洞悉最终的结局,有时甚至一开始就能捕捉住决胜的机遇。

下面是一个著名的古典对策游戏:两个人坐在一张普通的圆桌旁,轮流往桌面上摆硬币,双方约定,所放的硬币必须是同样币值的,且均须平放而不许重叠。谁在桌上放下最后一枚硬币,谁就是胜利者。

对这个问题,数学家们将做何评论呢?他们会毫不迟疑地说:"要是我,一定选择先放!"

在数学家看来,整个对策游戏处于对称状态。如若把第一枚硬币摆在圆桌的中央,然后按"对称"原则,每当对方放下一枚硬币的时候,我们就在以圆桌中心为轴心,与硬币对称的位置上

也放一枚。只要对方尚有地方放，我方也一定会有对称的地方放，直到对方无处可放为止。这种游戏的获胜策略，在数学家的脑海里是无与伦比的清晰。

约翰·冯·诺依曼（John Von Neumann，1903—1957）是当代杰出的数学家，对策论的创始人。有一次，有人向他请教一个游戏问题：9张扑克牌，分别是 A（作为1点），2，3，…，9。两人轮流取一张牌，已取走的牌不能重新放回去，谁手中的3张牌的点数加起来等于15，就算谁赢，那么要怎样取牌才能获胜呢？冯·诺依曼教授想了1分钟，说道："这个游戏倒有点意思。先走的人略占便宜，但是后走的人如果应付得当，一定可以打成平局。"经教授点破后，向他请教的人终于恍然大悟。

那么在冯·诺依曼教授的眼里，这是怎样的一个问题呢？大家一定还记得"二十一、数学世界的'海市蜃楼'"中讲到的幻方"洛书"吧！游戏中要求拿到的3张牌的点数和为15，实则就是要尽量使自己所拿的 3 张牌,恰好是洛书中的某行、某列或对角线上的 3 个数字(图 22.1)。这样,我们所讲的对策问题,跟大家所熟悉的"吃井字"游戏(图 22.2),是完全一样的。"吃井字"的玩法是,两人轮流在一个井字格里分别画"○"或"×",谁能把自己所画的"○"或"×"连成一条直线,就算谁赢。

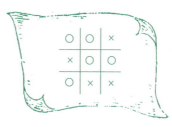

图 22.1　　　　　　图 22.2

并不是所有对策游戏的决胜策略,都像上面讲到的那样简单。有时数学家对游戏中所使用的数学手段,其兴趣要远远超过游戏本身。

1907 年,数学家威索夫(Wythoff)发明了一项两个人玩的游戏。在这个游戏中,两人轮流从甲乙两堆火柴中移走一些火柴。开始时每堆火柴的数目是任意的,比如分别为 p 和 q。我们用有序数偶 $(p、q)$ 来表示此时火柴的状态。

游戏的规则是,每次可用以下 3 种方法之一移动火柴:

(1) 从甲堆中移走一些火柴;

(2) 从乙堆中移走一些火柴;

(3) 从两堆中各移走数目相同的火柴。

用代数方法表达这些规则就是,把(p,q)变成下列 3 种有序数偶之一:$(p-t,q),(p,q-t),(p-t,q-t)$。由于规定每次至少移动 1 根火柴,所以 $t\geqslant 1$。不过 t 的选取取决于参加游戏的人,甚至可以取走整个一堆,只是谁取走最后 1 根火柴算谁赢。

例如,开始游戏时的火柴状态为 $(17,14)$,由 A 先拿:

A 拿成 $(16,13)$,B 拿成 $(9,13)$;

A 拿成 $(9,7)$,B 拿成 $(6,7)$;

A 拿成 $(4,7)$,B 拿成 $(4,2)$;

A 拿成 $(1,2)^*$,B 拿成 $(1,1),(0,1),(0,2)$ 或 $(1,0)$;

A 拿成 $(0,0)^*$ 获胜。

如图 22.3 所示,不难看到,A 达到打有"*"号的数偶 $(1,2)$ 是关键的一步,因为此时 A 实际已经取胜,此后 B 无论怎样应对,都必定失败。所以我们称 $(1,2)$ 为获胜位置。当然,$(0,0)$ 更是获胜位置。

从最末一个获胜位置 $(0,0)$ 开始,我们可以推出如下一张获

二十二、稳操胜券的对策游戏

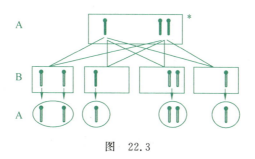

图 22.3

胜位置表(表 22.1),这张表可以通过逐一尝试找到。

表 22.1 获胜位置表

倒算顺序	获胜位置$(p,q)^*$	p	q	$\|p-q\|$
1	(0,0)	0	0	0
2	(1,2)	1	2	1
3	(3,5)	3	5	2
4	(4,7)	4	7	3
5	(6,10)	6	10	4
6	(8,13)	8	13	5
7	(9,15)	9	15	6
8	(11,18)	11	18	7
9	(12,20)	12	20	8
⋮	⋮	⋮	⋮	⋮

例如,当 A 拿成(3,5)时,此后无论 B 怎样应付都有:

B(3,4);A(1,2)* 胜。

B(3,3);A(0,0) 胜。

B(3,2);A(2,1)* 胜。

未知中的已知
方程的故事

B(3,1); A(2,1)* 胜。

B(3,0); A(0,0) 胜。

B(2,5); A(2,1)* 胜。

B(1,5); A(1,2)* 胜。

B(0,5); A(0,0) 胜。

因此得出(3,5)也是一个获胜位置。可以看出,表 22.1 中的 p、q 有以下规律:

(1) 表中的 $|p-q|$ 栏,按自然顺序递推;

(2) 除 0 以外,p、q 两栏的数字,既不重复又不遗漏地包含了所有的自然数;

(3) 表中某个获胜位置的 p 值,恰是前面所有获胜位置中尚未出现过的最小自然数。

根据上面 3 条,我们能够把获胜位置的表,无限制地延续下去。如表 22.1 中紧接着未写出的获胜位置 (m,n) 可以这样推出:首先 m 应是前面没出现过的最小整数,即得 $m=14$,又 $n-m=9$,得 $n=23$。从而,表中下一个获胜位置为 $(14,23)$,如此等等。

威索夫教授证明:一旦甲达到了某个获胜位置,那么乙接下去绝不可能达到表中的其他获胜位置。反过来,如果乙所达的位置不在表中,则甲接下去一定有办法把火柴拿成表中的获胜位置。也就是说,甲一旦拿成获胜位置,那么实际上他已经稳操胜券。

威索夫教授的证明并不太难,但游戏中实际拿成所讲的位置,似乎要更容易。作为游戏,上面的结论自然已经圆满,但数学家们的探索,却远没有到此结束。

1926年,加拿大多伦多大学的山姆·比特(Sam Beatty)教授,发现了一个重要事实:对一个正无理数 x 和它的倒数 y,以下两个序列:
$$1+x, 2(1+x), 3(1+x), \cdots$$
$$1+y, 2(1+y), 3(1+y), \cdots$$
的整数部分(用[ ]表示)合起来恰好不重复地包含了,除0以外的全部的自然数。

在上述基础上,威索夫以数学家特有的敏锐眼光,指出了相应于数 $x = \dfrac{-1+\sqrt{5}}{2} \approx 0.618$ 的比例的序列
$$\left([n(1+x)], \left[n\left(1+\frac{1}{x}\right) \right] \right) \quad (n=1,2,3,\cdots)$$
对于不同的 n,给出了威索夫游戏中序号为 n 的获胜位置。

使人惊讶的是,这里的 x,竟是有"宇宙美神"之称的黄金分割数。

二十三、奇特的正方分割

一个人在学生时代的兴趣,对于其后的一生,将产生难以估计的影响。

1936年,英国剑桥大学三一学院的4名学生塔特(Tutle)、斯通(Stone)、布鲁克斯(Brooks)和史密斯(Smith),同时对以下的正方分割问题产生了兴趣。正方分割是指把正方形或矩形分割成边长不等的小正方形。当时人们已经知道,长33、宽32的矩形能够做如下的正方分割(图23.1)。

尽管4名学生研究的课题是一致的,但他们考虑的侧重点各不相同。斯通从一开始就想证明:不可能对正方形进行正方分割。然而,他没有能够证明这一点,却在探索中找到了另一个可以正方分割的矩形(图23.2)。塔特等人则致力于研究正方

二十三、奇特的正方分割

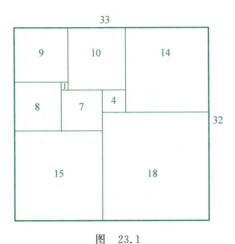

图 23.1

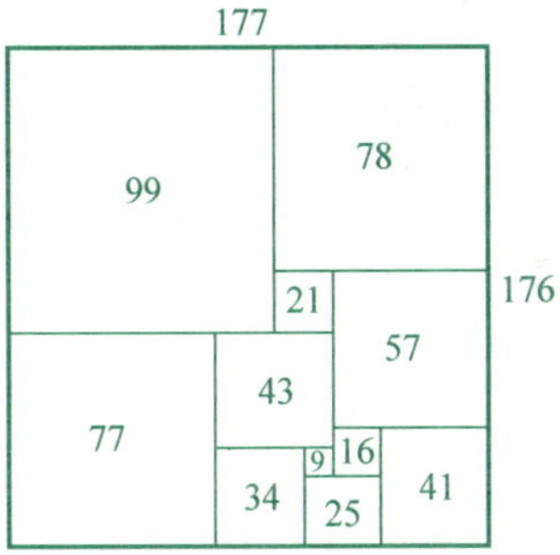

图 23.2

形正方分割的理论,但他们都没能实际上找到一个正方形可以正方分割。经过几年的摸索和失败,他们开始倾向于斯通的看法,即可以正方分割的正方形是不存在的。

但出乎人们意料的是,1939 年,在英吉利海峡的另一侧,响起了一声惊雷。柏林的 R. 施帕拉格居然实实在在地找到了一个能够正方分割的正方形。这对斯通、塔特等人无疑是一记闷棍。但挫折并没有使他们气馁,他们很快改变了自己的研究策略,在理论指导下,终于也找到了一个由 39 块正方分割的正方形。这一成果大大增强了他们继续研究的信心,并开始了各自漫长而成功的探索历程。光阴流逝,一晃过去了几十年。当年的大学生通过对正方分割的研究,如今都成了蜚声数坛的组合数学专家和图论专家。他们的研究成果被成功地运用到电子、化学、建筑学、运筹学、通信科学和计算机等多种学科,成为造福人类的有力工具。

那么 4 名大学生当年是怎样着手研究正方分割的呢?说起来也简单:先作一个矩形的正方分割草图,然后用尽可能少的未知数,标出每个正方形的边长,再写出这些边长应该满足的关系式,最后解这个方程组。

例如,先拟一个如图 23.3 所示的正方分割的矩形草图,标出图中相邻的 3 个正方形的边长 x、y、z。然后按照下列顺序标出其余小正方形的边长为

$$x+y;$$
$$2x+y;$$
$$y-z;$$

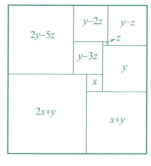

图 23.3

$$y - 2z;$$
$$y - 3z;$$
$$2y - 5z$$

现在,由矩形对边相等的条件得出

$$\begin{cases}(2y-5z)+(y-2z)+(y-z)=(2x+y)+(x+y)\\(2x+y)+(2y-5z)=(x+y)+y+(y-z)\end{cases}$$

即

$$\begin{cases}3x-2y+8z=0\\x-4z=0\end{cases}$$

如设 $z=1$,即得 $x=4$,$y=10$,代入图 23.3 中就得到本节最初讲的 33×32 的矩形的正方分割。

很明显,如果我们进一步要求所拟草图是正方形,那么还必须加上条件

$$(2y-5z)+(2x+y)=(2x+y)+(x+y)$$

即
$$x-y+5z=0$$

这样,方程组
$$\begin{cases}3x-2y+8z=0\\x-4z=0\\x-y+5z=0\end{cases}$$

就只能有 $x=y=z=0$ 的解了。这意味着这种草图的正方形正方分割是不存在的。

对于解一次方程组,大家都有这样的经验:当未知数的个

数多于方程个数时,方程组一般有无穷多组解;而当未知数的个数少于方程个数时,方程组一般无解;对于所有方程都不存在非零常数项,且方程个数不少于未知数的个数时,方程组一般只有"零解",正如上例中大家看到的那样。大概就是由于这种原因,斯通当初才认定不存在正方形的正方分割。

自从 1939 年 R. 施帕拉格找到正方形的正方分割之后,人们的注意力便转移到寻求一个用以分割的小正方形的个数最少的(即最低阶的)正方分割。这方面值得提到的,是英国业余数学家 T. H. 威尔科克斯曾经找到了一个 37 阶的正方形的正方分割。这个纪录曾经保持了相当长的时间,直到威尔科克斯本人又找到一个 24 阶的新图形为止。但这个新的图形,由于内部构造可以分离出一个矩形部分,而使人感到美中不足。

令人兴奋的是,1964 年,塔特的一个学生,滑铁卢大学的 J. 威尔逊博士,用电子计算机找到了图 23.4 所示的完美的正方形的正方分割。12 年后的 1976 年,人们又借助电子计算机找到了 21 阶的正方形的正方分割(图 23.5)。这已经是正方形能够正方分割的尽头。因为理论上已经证明,低于 20 阶的正方形的正方分割是不存在的。

随着正方分割研究的深入,不少人对立方分割问题也有了浓厚兴趣。然而这种努力只能是徒劳,因为不难证明,用有限个不相等的立方块去填满一个长方形的盒子是不可能的。

事实上,对于这个盒子的任何一种成功的填充,位于底部的

二十三、奇特的正方分割

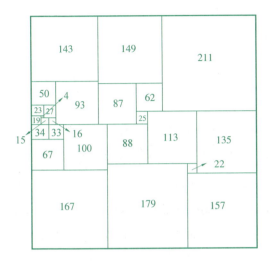

图　23.4

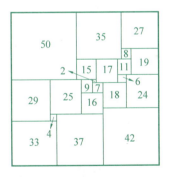

图　23.5

立方块，必然提供了盒子底部矩形的一个正方分割。从图 23.6 可以看出，在所有与该底面接触的立方块中，最小的一个立方块 S 必不能接触竖直面，否则一定还要有一个更小的立方块接触

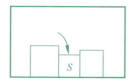 

图 23.6

底面。这样一来，S 的四周一定如图 23.7 那样被较大的立方体的侧壁围了起来。为了盖住 S 的上表面，务必用到一个更小的立方块 S'。同理，S' 又应位于 S 表面的中间部分，它又被较大的立方体侧壁所围住，因而为了盖住 S' 的上表面，又须用到一个更小的立方块 S''，如此等等，相同的讨论可以无限制地进行下去。这显然与原先的要求相悖，因为分割长方体的小立方块不可能是无限的。

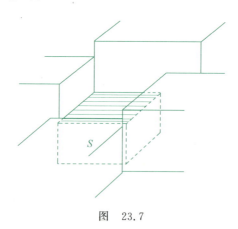

图 23.7

想不到，立体情形的解决，反倒比平面情形的解决轻松得多！

二十四、献给学生也献给教师

我们的周围充满着未知,这种未知大半是由于人类智慧和认识的限制。几千年来的科学和文明,构筑了无数从未知通向已知的路。

代数这个词,首见于 9 世纪的一份阿拉伯手稿,这份手稿讨论的是解方程的规则。直到 100 多年以前,代数还是方程理论的泛指。随着时间的推移,今天这门学科已在抽象方面走得很远,远非昔日可比。

对于新的一代,古老的方程理论,仍不失为科学大厦的坚实基础。但人类不可能也不应当用有限的生命去重复过去的认识。于是,需要借助于教育,求学于老师。然而,智慧的接力是一项高超的艺术。瑞典数学家 L. 弋丁在《数学概观》一书中记

录了下面一则发人深思的寓言：

老师对班上的同学说：我要跟你们讲解正比例的概念。这个概念在数学、物理学、社会科学和日常生活中都有用处。它考虑两个变量 x 和 y，其中 y 依赖于 x，其定义如下：（他转过身去面向黑板，开始写）

"y 与 x 成比例，如果存在一个数 a，使得对于 x 的每个值以及 y 的对应值，都有 $y=ax$。"

然后他转过身来看着全班同学。只有一两个人懂了。老师再试着讲解："好了，你们看，我刚才写的是什么意思。例如，假定我们令 $a=2$，（他又转过身面向黑板，并写下）对所有的 x，$y=2x$。"

他又转过身来，看着全班同学。现在几乎每个人都懂了，但还是有两张发呆的脸。老师再试着讲解："好了，你们看，我刚才写的是什么意思。比如说，假定我们令 $x=3$，那么 $y=6$，（他在黑板上写）$6=2\times 3$。"

他转过身来看着全班同学。

这回，人人都明白了！

这则寓言是如此深刻地印入笔者的脑海，以至于决心尝试用非教学的手段，实现人类智慧接力棒的传递。通过上下两千年数学史中，曲折的道路，闪光的思想，成功的喜悦，失败的教

二十四、献给学生也献给教师

训,融方法于故事,寓知识于趣味。这就是本书作者所要立意奉献的。

它,既献给学生,也献给教师!